Begüm

Ankara Üniversitesi Dil ve Taril

Edebiyatı bölümünden mezun oldu. 2010 yılında pedagojik formasyon eğitimini tamamladıktan sonra 2011 yılında Ankara Üniversitesi TÖMER'de Türkçe öğretim görevlisi olarak göreve başladı. Aynı zamanda 1 yıl süreyle Türkçe Bölüm Başkanı Yardımcısı olarak görev aldı. Ardından aynı kurumda Halkla İlişkiler Sorumlusu olarak çalıştı. 2016 yılından itibaren eğitim-öğretim faaliyetlerinin yanında Şube Müdür Yardımcısı olarak görevine devam etmektedir.

Özcan Kaya

2012 yılında Boğaziçi Üniversitesi, Türk Dili ve Edebiyatı bölümünden mezun oldu. Ardından Boğaziçi Üniversitesi'nde yüksek lisans eğitimine başladı. 2013 yılından itibaren ise Ankara Üniversitesi TÖMER'de öğretim görevlisi olarak çalışmaktadır. Şu anda Boğaziçi Üniversitesinde Türk Dili ve Edebiyatı bölümünde doktora çalışması yapmaktadır. Çeşitli akademik dergilerde yayınları çıkmıştır.

MEVSİMLER
kitap

Yayın No: 32

Kategori: Dil Eğitimi

Editör:	Melike Nur Abdullahoğlu
Mizanpaj:	Grafikerbu - Büşra Uzun
Kapak Tasarım:	Altamira Adworks
Resimler:	Charles Garrison Harker
ISBN:	978-605-9275-24-8
Yayıncı Sertifika No:	31565
Baskı Cilt:	Step Ajans Rek. Matbaacılık Tan. ve Org. Ltd. Şti. Göztepe Mah. Bosna Cad. No:11 Bağcılar / İstanbul Tel: 0212 446 88 46 Sertifika No: 12266

1.Baskı: Aralık 2016

MEVSİMLER
kitap

Balabanağa Mah. Büyükreşitpaşa Cad. Yümni İş Merkezi 16-B / 49 Fatih İSTANBUL
0212 514 44 26 - mevsimlerkitap.com

Sipariş: info@mevsimlerkitap.com

Don Kişot

Miguel De Cervantes

Yabancılar İçin

Türkçe Okuma Kitabı

A1 Düzeyi

Uyarlayan

Özcan Kaya - Begüm Yılmaz

MEVSİMLER
kitap

İçindekiler

SUNUŞ

Türkçenin yabancı dil olarak öğretimi her geçen gün yaygınlaşmaktır. Bundan dolayı bu alanda kullanılan kaynaklar gün geçtikçe çeşitlenmekte ve gelişmektedir. Türkiye'de ve dünyada yabancılara Türkçe öğreten birçok eğitim kurumunda pek çok destekleyici kaynak bulunmasına rağmen dil öğrenimi için gerekli önemli ek kaynaklardan biri olan okuma kitapları ne yazık ki sayıca ve nitelikçe yeterli düzeyde değildir. Bu çalışma, günümüze değin bu alanda var olan bir boşluğu doldurmak adına yapılan çalışmaların ilk ürünüdür.

Avrupa'da ve Türkiye'de saygın dil okulları ve kurumlar tarafından kabul edilen Avrupa Dil Portfolyosu'nda (ADP) belirtilen dilsel ölçütlere uygun olarak hazırlanan bu kitap, alanında yapılan ilk çalışmalardan biri olarak öne çıkmaktadır. Farklı ülkelerden yüzlerce öğrenciye Türkçe öğretme deneyimine sahip olan iki akademisyenin ortaklaşa yürüttükleri bir çalışma sonucunda ortaya çıkmıştır. Dünya edebiyatının klasik eserlerinden biri olan *Don Kişot*, yetişkin öğrenenlerin okuma becerilerine uygun olarak, A1 düzeyine ait ADP ölçütleri göz önünde bulundurularak hazırlanmıştır.

Çalışmanın en sonunda ve her bölümün ardından, okuyucuların okuma, anlama ve yazma becerilerini geliştirmek üzere tasarlanan alıştırmalar yer almaktadır. Aynı zamanda, etkin bir okuma deneyimi oluşturmak üzere metinde yer alan karakterler hakkında kısa bilgiler ve metinde geçen bazı önemli sözcüklerin bulunduğu bir sözlük de kitabın sonunda yer almaktadır.

Yabancı dil öğreniminde okuma kitaplarının yeri ve önemi kuşkusuz tartışılmazdır. Yabancı dil olarak Türkçe öğrenenler için böyle önemli bir yeri dolduracağını düşündüğümüz bu çalışma, umarız Türkçe öğrenim deneyiminizi pekiştirdiği gibi daha keyifli bir hâle getirir.

PREFACE

Teaching Turkish as a foreign language becomes more widespread with each passing day. Along with this progression, materials used in this field are improving and varying. In the world and Turkey, a large number of supplementary resources are used to teach Turkish. Despite all those wide range of resources, Turkish graded readers are substandard. Despite being one of the essential supplementary materials, unfortunately, they do not meet the requirements in terms of quality and quantity. This book is designed to be the first work to fill the void existing in this field till today.

The book stands out as the first Turkish graded reader that aligns with the linguistic criteria implemented by European Language Portfolio (ELP). It is also revised and improved by two scholars who have years of experience teaching hundreds of students from different countries. *Don Quixote*, one of the classics of world literature, is retold in accordance with the language skills of A1 level adult learners/young adult learners and with the theoretical framework of ELP.

Exercises that are designed to improve the understanding, reading and writing skills of readers are added to the end of every chapter and to the last part of the book. In addition to this, to present an efficient reading experience, short informative notes about the characters and a glossary including some of the important words from the story are also in the last chapter of the book.

The importance of graded readers in learning a foreign language is certainly indisputable. We hope this book helps those who learn Turkish as a foreign language and makes it more pleasant experience.

G·A·HARKER

1. Merhaba! Ben Don Kişot

Don Kişot, İspanya'da bir köyde yaşıyor. O köy, La Mancha bölgesinde. Don Kişot elli yaşında ve zayıf bir adam. Zengin değil. Küçük bir evde yaşıyor. Onun yaşlı bir atı var. Her sabah erken kalkıyor, ava gidiyor.

Don Kişot çok kitap okuyor. Kitaplar genellikle fantastik. Bu kitaplar şövalyelerin **macera**ları hakkında. Don Kişot bir kitap bitirdikten hemen sonra yeni bir kitaba başlıyor. Sabahtan akşama kadar kitap okuyor ve çok fazla hayal kuruyor. Son zamanlarda o, bu kitaplardan çok **etkilen**iyor. Bu yüzden, Don Kişot biraz **garip** davranıyor.

Don Kişot'un iki arkadaşı var. Biri ***papaz***, diğeri ***berber***. Don Kişot, sık sık onlarla konuşuyor. Her zaman kitaplardan ve şövalyelerden **bahsediyor**. Onlar da "Don Kişot son zamanlarda biraz garip." diyor.

Uzun bir yaz gecesinde, Don Kişot evde yalnız oturuyor. Balkona çıkıyor. Lacivert gökyüzünde yıldızlar parlıyor. Don Kişot gökyüzüne bakıyor ve hayal kuruyor. Bu hayallerden biri: Şövalye olmak! O gece Don Kişot çok güzel bir uyku çekiyor. Sabah kalkıyor ve tekrar balkona çıkıyor. Güneş gökte parlıyor.

Kuşlar ağaçtan ağaca uçuyor. Hava çok güzel, her yer çiçek kokuyor. Don Kişot balkonda etrafa bakıyor, sonra bağırıyor: "Ben de artık bir şövalyeyim!"

Şövalye mi? Şövalye kim? Şövalyeler ne yapıyorlar? Hemen cevap veriyorum: Şövalye bir savaşçı. Şövalyeler genellikle Avrupa'da yaşıyor. Maceradan maceraya koşuyor. İyi insanlara yardım ediyor. Kötü insanlarla savaşıyor…

Evet, Don Kişot artık bir şövalye ama onun savaş kıyafeti yok. Şövalye olmak için kıyafet lazım. O kıyafet arıyor. Evde, eski bir kutuda, metal bir **zırh** ve **mızrak** buluyor. Sonra **kalkan** arıyor. Don Kişot evde her yere bakıyor. Maalesef kalkan yok! Bu nedenle, o kâğıttan bir kalkan yapmak istiyor. Evde kâğıtlar var. Onlardan bir kalkan yapıyor. Sonra kalkana bakıyor: "Harika bir kalkan! İşte bu benim kalkanım!"

Şimdi Don Kişot'a bir de at lazım çünkü her iyi şövalyenin bir atı var. Peki, atlar nerede? Atlar tabii ki ahırda. Don Kişot hemen atların yanına, ahıra gidiyor. Bir at görüyor, onunla konuşuyor. Ona bir isim veriyor: ***Rocinante***! İşte at da tamam!

Peki ya prenses? Her şövalyenin bir prensesi var ama Don Kişot'un bir prensesi yok. O, güzel bir kız hakkında hikâyeler duyuyor. O güzel kız El Tobosso köyünde yaşıyor. Don Kişot, o kızdan hoşlanıyor. Ona bir isim veriyor: ***Dulcinea***. Güzel Dulcinea her zaman onun hayallerine giriyor. Don Kişot'un prensesi oluyor. Don Kişot her gece gökyüzüne bakıyor ve Dulcinea'yla ilgili hayaller kuruyor. Don Kişot artık onun için yaşıyor ve onun için savaşıyor.

1. Bölüm Soruları

A - Doğru mu, yanlış mı?

		Doğru	Yan
1-	Don Kişot çok genç bir şövalye. ____________	☐	☐
2-	Don Kişot çok kitap okuyor ve hayal kuruyor.____	☐	☐
3-	Türkiye'de çok şövalye var. ____________	☐	☐
4-	Rocinante, Don Kişot'un atının adı. ____________	☐	☐
5-	Dulcinea çok güzel bir kız. ____________	☐	☐

B- Eşleştirelim.

1- Bahsetmek	A- İlginç ve heyecanlı olay, serüven.
2- Garip	B- Don Kişot'un arkadaşları.
3- Papaz ve berber	C- Şövalyenin eşyaları.
4- Macera	D- Normal değil, acayip.
5- Zırh, mızrak ve kalkan	E- Bir şey hakkında konuşmak.

2. Macera Başlıyor...

Zırh, at ve prenses hazır. Şimdi sadece kraldan **izin** almak **lazım**. Savaşçılar kraldan izin aldıktan sonra gerçek bir şövalye oluyor. Don Kişot yola çıkıyor. Yolda bir büyük bir ev görüyor: "İşte büyük bir **kale**!" Kalede kralla tanışıyor.

Aslında orası bir kale değil, orası bir **han** ve o adam sadece bir **hancı.** Hancıyla konuşuyor. Gece kalmak için bir oda istiyor. Hancı şaşırıyor çünkü Don Kişot çok garip ve komik görünüyor. Bu nedenle hancı "Boş oda yok." diyor. Don Kişot "Sorun değil. O zaman ben dışarıda yatıyorum." diyor. Hancı daha çok şaşırıyor. Anlamıyor. Sonra birden gülüyor,"Tamam, harika! Sen artık bizim şövalyemizsin. Hanın dışında yatıyorsun ve kötülerle savaşıyorsun!" diyor.

Don Kişot dışarıya çıkıyor. Orada biraz bekliyor. Birkaç saat sonra ağaçların arasında karanlıkta bir adam görüyor. "İşte kötü bir şövalye geliyor!" diyor. O adam aslında kötü bir şövalye değil, **masum** bir **çoban**. Hanın yanında, ağaçların arasında bir **nehir** var. Çoban, hayvanlar için nehirden su almak istiyor. Don Kişot ise masum çobana izin vermiyor. Ona saldırıyor, çobanın kafasına vuruyor. Çoban **bayıl**ıyor. Çoban bayıldıktan sonra

Don Kişot çok seviniyor. Çünkü bu onun ilk savaşı ve ilk başarısı. O, ilk kez bir savaş **kazan**ıyor!

Don Kişot o anda bilmiyor ama o çoban, hancının yakın bir arkadaşı. Hancı dışarıya çıkıyor. Ağaçların arasında biraz yürüyor. O sırada bir ses duyuyor: "Yardım edin, lütfen bana yardım edin!" Hancı çok şaşırıyor: "Bu ses, gece gece nereden geliyor?" Ağaçlık alanda, biraz daha yürüyor. İleride, bir adam yerde yatıyor. Yaklaşıyor, bu onun yakın arkadaşı çoban! Hancı hemen yardım ediyor. Sonra Don Kişot'a bağırıyor: "Sen neden ona vuruyorsun? O benim arkadaşım!" Don Kişot ise "Hayır, o senin arkadaşın değil, o çok kötü bir şövalye! Nehirden su çalmak istiyor" diyor. Hancı üzülüyor, çaresiz kalıyor. Çünkü Don Kişot söz dinlemiyor. Don Kişot'tan **kurtul**mak istiyor. Don Kişot'a "Artık sen gerçek bir şövalyesin! Başka ülkelere git ve başka insanlara yardım et!" diyor."Burası çok güvenli bir yer. Benim artık bir şövalyeye ihtiyacım yok." diyor. Don Kişot buna seviniyor. Köyüne geri dönmek için yola çıkıyor.

G.A HARKER

2. Bölüm Soruları

A - Doğru mu, yanlış mı?

		Doğru	Ya
1-	Don Kişot kalede bir kralla konuşuyor. ________	☐	☐
2-	Ağaçların arasında karanlıkta bir çoban var. ______	☐	☐
3-	Hancı ve çoban yakın arkadaşlar. __________	☐	☐
4-	Çoban, Don Kişot'a vuruyor. ____________	☐	☐
5-	Don Kişot köyüne geri dönüyor. __________	☐	☐

B- Eşleştirelim.

1- Masum	A- İyi bir sonuç almak.
2- Han	B- Kötü bir şeyden kaçmak, uzaklaşmak.
3- Kazanmak	C- Gerekli.
4- Lazım	D- Saf, temiz veya suçsuz.
5- Kurtulmak	E- Eski zamanlarda otel.

3. Don Kişot'un Yardımcısı

Don Kişot köyüne dönüyor ve arkadaşlarına yeni hikâyeler anlatıyor. Kötü şövalyelerden ve ilk savaşından bahsediyor. Arkadaşları bu hikâyelerden çok hoşlanıyor. İlk başarısından sonra Don Kişot artık yalnız bir şövalye olmak istemiyor. Her gerçek şövalyenin bir **yardımcı**sı var. Onun neden bir yardımcısı yok? Ona bir yardımcı lazım. Bunun için berbere ve papaza soruyor. Onlar, Don Kişot'a gülüyor ve onun yardımcısı olmak istemiyor. Ona inanmıyorlar. Ayrıca herkes ona gülüyor.

Aradan zaman geçiyor. Don Kişot tarla satıyor ve para **biriktir**iyor. Sonra bir gün tombul ve fakir bir çiftçiyle tanışıyor. Bu çiftçinin adı Sanço Pança . O çok akıllı bir adam değil. Don Kişot ona soruyor:

Daha iyi bir iş istiyor musun?

Sanço Pança: Bilmiyorum, nasıl bir iş?

Don Kişot: Ben bir şövalyeyim. Kötü şövalyelerle savaşıyorum. Bana bir yardımcı lazım.

Sanço Pança: Of! Bu çok zor bir iş!

Don Kişot: Evet öyle ama ben çok zenginim, çok param var. Her savaştan sonra para kazanıyorum.

Sanço Pança: Gerçekten mi?

Don Kişot: Tabii ki.

Sanço Pança: Peki ya yemek? Ben çok sık yemek yiyorum.

Don Kişot: Tabii ki yemek de var.

Sanço Pança: O zaman, tamam, kabul ediyorum.

Birlikte yola çıkıyorlar. Biraz ormanda ilerledikten sonra Don Kişot bir **dev** görüyor. O tarafa daha dikkatli bakıyor. Bir tane daha dev görüyor. Sonra bir tane daha... Devler ormanın ortasında yürüyorlar. Don Kişot çok heyecanlanıyor çünkü o ilk kez bir dev görüyor. Hemen Sanço Pança'ya sesleniyor:

Don Kişot: Biz çok şanslıyız.

Sanço Pança: Neden? Yemek zamanı mı?

Don Kişot: Hayır, yemek için zaman yok. Şurada devler var. Görmüyor musun?

Sanço Pança: Efendim, onlar dev değil. Onlar yel değirmenleri.

Don Kişot: Sanço neden öyle diyorsun! Onlar dev! Görmüyor musun, kocaman elleri ve ayakları var.

Sanço Pança: Hayır efendim, onlar **yel değirmenleri**.

Bir anda, Don Kişot atıyla yel değirmenlerine hızlı bir şekilde koşuyor. Sanço onun ardından şaşkın şaşkın bakıyor. Don Kişot mızrakla yel değirmenlerine saldırıyor.

Mızrak değirmene takılıyor ve Don Kişot çok kötü bir şekilde attan yere düşüyor. Sanço hemen Don Kişot'a yardıma gidiyor.

Sanço Pança: İyi misiniz?

Don Kişot: İyiyim.

Sanço Pança: İşte görüyorsunuz, onlar dev değil, yel değirmeni.

Don Kişot: Sen görmüyorsun! Onlar şimdi yel değirmeni ama kötü **büyücü** bizimle oynuyor. O, devlere **büyü** yapıyor ve onlar bir anda yel değirmeni oluyor.

Sanço Pança: Kötü büyücü mü? Gerçekten mi? Çok korkuyorum. Nerede o büyücü?

Don Kişot: Korkma Sanço. Ben buradayım. Ben kötü büyücülerle ve devlerle her zaman savaşıyorum.

Sançо Pança: Efendim, siz iyi ki varsınız. Size güveniyorum. Siz iyi bir şövalyesiniz.

Sanço ve Don Kişot bu olaydan sonra ormanda biraz dinleniyor. Dinlendikten sonra tekrar yola çıkıyorlar. Dağlar aşıyorlar, dereler geçiyorlar. Çok uzakta ormanın içinde büyük bir bulut görüyorlar. Don Kişot tekrar çok heyecanlanıyor.

Don Kişot: Sanço görüyor musun? Ormanın içinde büyük bir **ordu** var.

Sanço Pança: Aman efendim! Evet, gerçekten çok büyük bir ordu. Kim acaba bunlar?

Don Kişot biraz düşünüyor. Aklına kitaplar, hikâyeler, kötü şövalyeler ve büyücüler geliyor. O sırada, Sanço Pança tekrar konuşuyor.

Sanço Pança: Efendim, bunlar ordu değil. Bunlar koyun!

Don Kişot dinlemiyor. Atıyla hızlı bir şekilde koşuyor, koşuyor... Koyunlara saldırıyor. O sırada, çoban geliyor ve Don Kişot'a bir taş atıyor. Taş, Don Kişot'un başına geliyor. Don Kişot yere düşüyor. **Yaralan**ıyor. Sanço Pança, Don Kişot'a yardıma gidiyor.

Sanço Pança: İyi misiniz, efendim?

Don Kişot: Ben iyiyim ama görüyorsun, değil mi? O kötü büyücü tekrar bizimle oynuyor!

Sanço Pança çok şaşırıyor, cevap vermiyor. Don Kişot'un yaralarına bakıyor ve ona biraz su veriyor. Orada bir süre dinleniyorlar. Don Kişot ağaçların arasında uyuyor.

3. Bölüm Soruları

A - Doğru mu, yanlış mı?

		Doğru	Yanlış
1-	Sanço Pança, Don Kişot'un yardımcısı. ______	☐	☐
2-	Kötü büyücü ormanda yaşıyor.______________	☐	☐
3-	Ormanın içinde birçok dev var. ______________	☐	☐
4-	Papaz ve berber, Don Kişot'a inanmıyor.________	☐	☐
5-	Don Kişot yaralandıktan sonra köye dönüyor.___	☐	☐

B- Eşleştirelim.

1- Dev	A- Bir yerde birçok asker var. Onların adı.
2- Yel Değirmeni	B- Bir insan. Yardım ediyor. Asistan.
3- Büyü	C- Sihir. Masallarda kötü karaterler yapıyor.
4- Yardımcı	D- Çok büyük bir şey veya insan.
5- Ordu	E- Büyük bir pervane. Rüzgârla dönüyor.

4. Savaş Başlığı!

Ertesi gün, Don Kişot ve Sanço Pança birlikte ormanda ilerliyorlar. Biraz yürüdükten sonra, ağaçların altında, **gölge** bir yere oturuyorlar. Orası sakin ve sessiz bir yer. Don Kişot çantadan biraz ekmek ve bir parça et çıkarıyor. Sanço Pança buna çok seviniyor çünkü o yemekten çok hoşlanıyor. Her zaman bir şeyler yemek istiyor. Bu sırada, Don Kişot birden bir ses duyuyor. Etrafına bakıyor. Yol üzerinde bir adam görüyor.

Don Kişot: Bak Sanço, bir şövalye atıyla bize yaklaşıyor.

Sanço Pança: Nerede efendim?

Don Kişot: Bak, şurada! Bu adam cesur ***Horatio***. Çok **ünlü** bir şövalye.

Sanço Pança: Efendim, siz nereden biliyorsunuz?

Don Kişot: Biliyorsun Sanço, ben çok kitap okuyorum. Bu ünlü şövalyenin maceraları her kitapta var.

Sanço Pança: Aaa! Şimdi anlıyorum.

Sanço Pança, Horatio'ya daha dikkatli bir şekilde bakıyor. Onun başında parlak bir şey görüyor.

Sanço Pança: Efendim görüyor musunuz, Horatio'nun başında bir şey var.

Don Kişot: Görüyorum.

Sanço Pança: Galiba o bir şapka.

Don Kişot: Hayır, hayır.

Sanço Pança: Garip görünüyor. Aaa! O bir **tas**.

Don Kişot: Yanlış görüyorsun, Sanço.

Sanço Pança: Hayır, gayet iyi görüyorum. Horatio'nun başında bir tas var.

Don Kişot: Hayır! O tas değil, bir **başlık**. Güzel bir **savaş başlığı**!

Sanço Pança: Hayır efendim. O basit, metal bir tas.

Don Kişot: Benim de bir savaş başlığına ihtiyacım var.

Don Kişot hemen yerinden kalkıyor. Atına biniyor. Horatio'ya saldırıyor. Horatio aslında bir şövalye değil, zayıf ve güçsüz bir berber. Onun başında bir tas ve arkasında birkaç eşya var.

Don Kişot: Hey Horatio, bana bak!

Berber: Merhaba. Horatio mu? O kim?

Don Kişot: Sana diyorum, sensin Horatio!

Berber: Yok hayır. Ben Horatio değilim. Ben bir berberim.

Don Kişot: Hayır, sen Horatio'sun. Yalan söyleme!

Berber: Efendim, gerçekten ben basit bir berberim. Benim adım Horatio değil.

Don Kişot: Sana inanmıyorum. Şimdi, bana bir savaş başlığı lazım. Senin başında var.

Berber: Ne? Savaş başlığı mı? Benim başımda mı?

Don Kişot: Evet, senin başında. Savaş başlığı var. Bana ver!

Berber: Efendim, bu bir tas. Başlık değil.

Don Kişot: Sus, daha fazla konuşma!

Berber: Efendim, bu gerçekten bir tas. Ben bir berberim. Bu tasa su koyuyorum ve saç kesiyorum. Bu tas, saç kesmek için bana lazım.

Don Kişot: Sana inanmıyorum. O değerli bir savaş başlığı!

Don Kişot aniden kılıç çekiyor, berbere saldırıyor. Berber, Don Kişot'tan korkuyor ve kaçıyor. Tas ve eşyalar Don Kişot'a kalıyor. Tasa bakıyor sonra başına takıyor. Uzun uzun gülümsüyor. Bundan sonra Don Kişot başında bir tasla yola devam ediyor.

4. Bölüm Soruları

A - Doğru mu, yanlış mı?

		Doğru	Ya
1-	Sanço Pança yemekten hiç hoşlanmıyor. ________	☐	☐
2-	Don Kişot, berberin sözlerine inanmıyor. ________	☐	☐
3-	Berberin başında bir savaş başlığı var. ________	☐	☐
4-	Horatio, Don Kişot'tan çok korkuyor. ________	☐	☐
5-	Don Kişot başına bir tas takıyor. ________	☐	☐

B- Eşleştirelim.

1- Horatio	A- Popüler, meşhur.
2- Tas	B- Savaşta insanlar giyiyor, metal bir şapka.
3- Gölge	C- Gündüzleri güneşsiz, karanlık yer.
4- Savaş Başlığı	D- Ünlü bir şövalye.
5- Ünlü	E- Biraz derin ve büyük metal tabak.

5. Mahkûmlar

Öğleden sonra yolda bir grup adam görüyorlar. Bu grupta, bazı adamların elleri bağlı ve ayaklarında **zincir** var. Bazı adamların elinde ise silah var. Bu gruba biraz daha yaklaşıyorlar. Sonradan anlıyorlar, zincirli adamlar **mahkûm**, silahlı adamlar asker. Askerler çok **acımasız** görünüyor. Mahkûmlara bağırıyorlar ve kırbaçla vuruyorlar.

Sanço Pança: Efendim görüyor musunuz, mahkûmlar geçiyor!

Don Kişot: Ne? Bu adamlar mahkûm mu?

Sanço Pança: Evet efendim. Bunlar mahkûmlar ve onların yanında askerler var. Mahkûmlar, buradan denize kadar yürüyorlar. Orada **gemi**lere biniyorlar. Gemilerde gece gündüz çalışıyorlar. Onların hayatı böyle geçiyor.

Don Kişot bu durumdan hiç hoşlanmıyor. Üzülüyor. O, **korkusuz** bir şövalye bu nedenle mahkûmlara yardım etmek istiyor. Bu sırada, bir asker Don Kişot'un yanına geliyor.

Asker: Burada ne yapıyorsun sen? Yolumuzdan çekil!

Don Kişot: Ben mahkûmlarla konuşmak istiyorum.

Asker: Bu mümkün değil.

Don Kişot: Lütfen, ben ünlü bir şövalyeyim. Bana “hayır” deme.

Asker: Tamam, konuş ama lütfen acele et. Yolumuz çok uzun, zamanımız yok.

Don Kişot, mahkûmlarla tek tek konuşuyor. Sıra sonuncu mahkûma geliyor. O mahkûmun ellerinde ve ayaklarında daha büyük zincirler var. Don Kişot askere soruyor.

Don Kişot: Neden bu mahkûmun üzerinde daha büyük zincirler var? Neden daha **sıkı** bağlı?

Asker: Çünkü bu mahkûm çok acımasız bir insan.

Don Kişot merak ediyor. Mahkûmun yanına gidiyor. Ona soru soruyor.

Don Kişot: Merhaba. Senin adın ne?

Pasamonte: Merhaba. Benim adım ***Pasamonte***. Sen kimsin?

Don Kişot: Ben korkusuz Don Kişot'um.

Pasamonte: Ben suçluların kralı Pasamonte. Ben de çok korkusuz bir insanım.

Pasamonte çok güçlü ve cesur görünüyor bu nedenle Don Kişot ondan çok etkileniyor ve ona yardım etmek istiyor. Askere, "Ben bu mahkûmlara yardım etmek istiyorum. Zincirlerin anahtarları nerede?" diyor. Askerler, Don Kişot'a gülüyorlar çünkü mahkûmlara yardım etmek **imkânsız**. Onlar gemilere gidiyor. Başka bir yol yok! Don Kişot çok sinirleniyor ve askere eliyle vuruyor. Asker yere düşüyor. Don Kişot askere tekrar vuruyor ve asker bayılıyor. Bu sırada, Pasamonte, askerin cebinden anahtar alıyor. Zincirlerden kurtuluyor. Pasamonte sonra diğer mahkûmlara da anahtar veriyor. Tüm mahkûmlar zincirlerden kurtuluyor. Askerler, Pasamonte'den korkuyor ve hızla kaçıyorlar.

Don Kişot: Ben sana özgürlük ve yeni bir hayat veriyorum ama senden bir şey istiyorum.

Pasamonte: Ne istiyorsun?

Don Kişot: El Tobosso köyüne git. Benim sevgili prensesime selam söyle. Ben korkusuz ve ünlü bir şövalyeyim. Ona benden ve benim maceralarımdan bahset.

Pasamonte, Don Kişot'un yüzüne bakıyor ve **kahkaha atıyor**. Don Kişot'un yanından uzaklaşıyor. Diğer bir mahkûma "Bu adam tam bir **deli**! Yakala!" diyor. O mahkûm, Don Kişot'a ve Sanço' ya saldırıyor. Mahkûmlar onlardan para ve değerli eşya alıyorlar. Don Kişot ve Sanço çok şaşırıyor ve üzülüyorlar. Tüm paraları ve eşyaları gidiyor.

5. Bölümün Soruları

A - Doğru mu, yanlış mı?

		Doğru	Ya
1-	Grupta mahkûmlar ve askerler var. ___________	☐	☐
2-	Don Kişot mahkûmlara yardım etmek istiyor.____	☐	☐
3-	Mahkûmlar 1 yıl gemilerde çalışıyor. _________	☐	☐
4-	Pasamonte korkusuz bir adam değil.__________	☐	☐
5-	Mahkûmlar Don Kişot'a saldırıyor. ___________	☐	☐

B- Eşleştirelim.

1- Mahkûm	A- Normal değil, çılgın.
2- Kahkaha atmak	B- Yüksek sesle gülmek.
3- İmkânsız	C- Bir şey mümkün değil.
4- Korkusuz	D- Bir insan hiç korkmuyor. Çok cesur.
5- Deli	E- Suçlu, kötü insan. Hükümlü.

6. Cardenio kim?

Şimdi paraları ve eşyaları yok. Ayrıca, askerler çok **kızgın**. Don Kişot ve Sanço saklanmak için hemen ormana giriyor. Askerler, polislerle konuşuyorlar. Askerler, polislerden yardım istiyor. Sonra, askerlerle birlikte polisler, Don Kişot'la Sanço'nun ardından ormana giriyor.

Don Kişot ormanda bir ağacın altında bir çanta görüyor. Çantanın içine bakıyor. Çantada değerli eşyalar var: birçok **altın**, defter ve tişört. Defterde şiirler var. Don Kişot şiir okuyor. Sanço ise altın sayıyor. Don Kişot altın almak istemiyor. Sadece defterlere bakıyor, şiir okuyor. Bu nedenle Sanço çok mutlu oluyor.

Bu sırada, ağaçların arasında bir adam görüyorlar. Garip bir adam. Bu adam bir kez görünüyor, sonra bir anda ağaçların arasında karanlıkta kayboluyor. Merak ediyorlar: "Kim bu adam?", "Polis mi?", "Asker mi?"

Biraz daha ileriye, ağaçların arasına ilerliyorlar. Orada **ölü** bir at görüyorlar. Bu daha da garip! Ata ve onun yarasına bakıyorlar. O sırada, o garip adam geri geliyor.

Garip Adam: Hey!

Don Kişot: Merhaba garip adam! Kimsin sen?

Garip Adam: Benim adım ***Cardenio***.

Don Kişot: Polis misin?

Garip Adam: Hayır, polis değilim.

Don Kişot: Asker misin?

Garip Adam: Hayır, asker değilim.

Don Kişot: Sen kimsin?

Garip Adam: Fakir bir adamım.

Don Kişot: Öyle mi?

Garip Adam: Evet, gerçekten yalnız ve fakir bir adamım.

Don Kişot: Peki. Tamam, sana inanıyorum. Peki, bizden ne istiyorsun?

Garip Adam: Şu an çok **aç**ım. Sizin yemeğiniz var mı?

Don Kişot: Tabii ki, yemeğimiz var.

Don Kişot, Sanço'ya dönüyor ve "Bu adama biraz ekmek ve et ver." diyor. Sanço önce yemek vermek istemiyor ama Cardenio gerçekten çok aç görünüyor. Bu nedenle Sanço'nun fikri değişiyor ve Cardenio'ya biraz yemek veriyor.

Garip Adam: Teşekkürler. Gerçekten çok teşekkürler.

Don Kişot: Sen şu an gerçekten çok fakir görünüyorsun ama benim bir sorum var. Senin kıyafetlerin eski ama **kaliteli** kumaştan. Ben seninle arkadaş olmak istiyorum. Anlat bana. Sen nerelisin? Nereden geliyorsun? Nereye gidiyorsun? Ormanda ne arıyorsun?

Bu sorulardan sonra Cardenio hikâyeye başlıyor. Don Kişot ve Sanço yere oturuyorlar ve dikkatle dinliyorlar.

6. Bölüm Soruları

A - Doğru mu, yanlış mı?

		Doğru	Yanlış
1-	Don Kişot ve Sanço askerlerden kaçıyor. _____	☐	☐
2-	Don Kişot çantadan altın alıyor.______________	☐	☐
3-	Cardenio polis veya asker değil. _____________	☐	☐
4-	Sanço Pança, Cardenio'ya sorular soruyor. ____	☐	☐
5-	Son bölümde, Cardenio hikâye anlatıyor. _______	☐	☐

B- Eşleştirelim.

1- Ölü	A- Çok değerli bir metal.
2- Aç	B- Agresif, öfkeli.
3- Kızgın	C- Bir insan yemek yemek istiyor.
4- Altın	D- Bir şey artık yaşamıyor.
5- Kaliteli	E- Bir şey iyi ve nitelikli.

7. Cardenio ve Onun Aşkı

Cardenio ve ailesi bir köyde yaşıyor. Cardenio bir kadına aşık. O kadının adı ***Luscinda***. Luscinda sarı saçlı, mavi gözlü, çok güzel bir kadın. Luscinda da Cardenio'ya aşık. Onlar evlenmek istiyor. Bir gün Cardenio, Luscinda'nın babasıyla tanışıyor. Babası, Cardenio'dan hoşlanıyor ve "Senin ailenle tanışmak istiyorum." diyor.

Cardenio hemen babasının evine gidiyor. Luscinda'dan ve onun ailesinden bahsediyor. "Evlenmek istiyorum ve paraya ihtiyacım var."diyor. O zaman, babası ona bir mektup gösteriyor. Bu mektup ***Dük Ricardo***'dan geliyor. Dük Ricardo o bölgede çok güçlü ve zengin bir adam. Onun bir yardımcıya ihtiyacı var. Babası, Cardenio'ya bu işten bahsediyor. Bu iş para kazanmak için büyük bir fırsat! Dük Ricardo çok zengin ve önemli bir insan. Cardenio evlenmeden önce para kazanmak için Dük Ricardo'nun yanına gidiyor. Dük Ricardo ondan çok hoşlanıyor ve Cardenio orada işe başlıyor.

Dük Ricardo'nun bir oğlu var. Onun adı ***Fernando***. Fernando maceradan ve güzel kadınlardan çok hoşlanıyor. Onun birden fazla sevgilisi var. Zamanla, Cardenio ve Fernando arkadaş oluyorlar. Birlikte zaman geçiriyorlar, **eğleniyorlar**. Sonra bir gün, Cardenio ve Fernando birlikte Cardenio'nun evine gidiyorlar.

Cardenio'nun annesi çok **lezzetli** yemekler yapıyor. Birlikte yemek yiyorlar ve sohbet ediyorlar. Bu sırada eve Cardenio'nun sevgilisi Luscinda geliyor. Fernando ve Luscinda orada tanışıyor. Luscinda çok güzel ve etkileyici bir kadın. Fernando, Luscinda'dan çok hoşlanıyor! Luscinda, Cardenio'nun sevgilisi ama Fernando onunla sevgili olmak istiyor! Bu nedenle Fernando, Cardenio'ya yalan söylüyor. Ona emir veriyor. Cardenio, iş için uzak bir köye gidiyor. Cardenio çok uzak bir köyde çalışıyor ve Luscinda'dan ayrı kalıyor.

Bu sırada Fernando, Luscinda'yla konuşuyor: " Luscinda, ben sana aşığım. Senden çok hoşlanıyorum. Seninle evlenmek istiyorum." diyor. Luscinda aslında Cardenio'dan hoşlanıyor. Onun tek aşkı Cardenio ama Cardenio'dan hiç haber yok! O nerede? Ne yapıyor? Ya da o hâlâ yaşıyor mu?

Bir süre sonra, Fernando ve Luscinda **düğün** yapıyor. Cardenio düğün gecesinde köye dönüyor. Gizli bir şekilde düğün salonuna gidiyor. İnsanların arasına giriyor. Orada Luscinda'ya bakıyor. Fernando ve Luscinda el ele ***peder***in yanına yürüyor. Cardenio çok heyecanlanıyor çünkü Luscinda gelinlik içinde çok daha güzel görünüyor. Aynı zamanda, Cardenio çok üzülüyor çünkü onun sevgilisi şimdi başka bir adamla evleniyor.

Peder, Fernando'ya soruyor: "Luscinda'yla evlenmek istiyor musun?" Fernando heyecanlı bir şekilde "Evet." diyor. Ardından, Peder Luscinda'ya soruyor: " Fernando'yla evlenmek istiyor musun?" Luscinda bir süre düşünüyor, cevap vermiyor. Sonra, "Evet, istiyorum." diyor.

Bu cevaptan hemen sonra Cardenio sessiz bir şekilde salondan çıkıyor. Çok üzülüyor, Ormanın içine koşuyor, ağlıyor, bağırıyor... Ağaçlar arasında kayboluyor.

7. Bölüm Soruları

A - Doğru mu, yanlış mı?

		Doğru	Yanlış
1-	Cardenio, Luscinda'ya aşık.	☐	☐
2-	Fernando, zengin Dük Ricardo'nun oğlu.	☐	☐
3-	Cardenio, Luscinda'dan uzak bir yerde çalışıyor.	☐	☐
4-	Fernando ve Luscinda düğün yapıyor.	☐	☐
5-	Cardenio düğüne gizli bir şekilde gidiyor.	☐	☐

B- Eşleştirelim.

1- Eğlenmek	A- Bir sıfat. İyi yemekler için kullanıyoruz.
2- Dük Ricardo	B- Sarı saçlı, mavi gözlü, çok güzel bir kadın.
3- Düğün	C- Güzel zaman geçirmek.
4- Luscinda	D- Bir tür parti. Genellikle evlenmeden önce yapıyorlar.
5- Lezzetli	E- Çok zengin bir adam.

G.A.HAR

8. Don Kişot'un Aşkı

Cardenio bir saat boyunca anlatıyor. Sevgilisi Luscinda'dan, Fernando'dan ve onların düğününden bahsediyor. Bu hikâye bittikten sonra tekrar çok üzülüyor. Orada, Don Kişot'un ve Sanço'nun yanında sinirleniyor ve ağlıyor. Daha sonra, Don Kişot'tan ve Sanço'dan uzaklaşmak istiyor. Birden karanlık ormana koşuyor, kayboluyor.

Sanço, Cardenio'dan korkuyor çünkü Cardenio deli gibi davranıyor. Don Kişot ise ondan çok etkileniyor çünkü Don Kişot da sevgilisinden uzakta yaşıyor. Onun sevgilisi Dulcinea uzak bir köyde yalnız yaşıyor. Bu yüzden, bir şekilde ona ulaşmak istiyor. Mesaj yollamak? Şiir yazmak? Mektup göndermek? Nasıl? Don Kişot'un aklına bir fikir geliyor. Hemen, Sanço'ya sesleniyor:

Don Kişot: Kalem var mı?

Sanço Pança: Hayır, kalem yok.

Don Kişot: Ne! Kalem yok mu?

Sanço Pança: Kalem yok.

Don Kişot: Neden kalem yok?

Sanço Pança: Efendim, burası orman. Ormanda kalem yok.

Don Kişot: Bu senin problemin. Benim değil.

Sanço Pança: Pardon efendim?

Don Kişot: Bu senin problemin!

Sanço Pança: Neden benim problemim?

Don Kişot: Çünkü sen benim yardımcımsın.

Sanço Pança: (Sanço üzülüyor.) Peki efendim.

Don Kişot: Bir mesaj yazıyoruz. Ben söylüyorum, sen **ezber**liyorsun.

Sanço Pança: Tamam, ne mesajı?

Don Kişot: Belki uzun bir mektup, belki romantik bir aşk şiiri, belki de güzel bir cümle… Bilmiyorum.

Sanço Pança: Peki efendim.

Don Kişot: Tamam, şiir, bir aşk şiiri! Ben yazıyorum, sen de sevgilim Dulcinea'ya götürüyorsun!

Don Kişot romantik bir şiir okuyor. Sanço ezberliyor. Sonra yola çıkıyor. Sanço, Dulcinea'ya ulaşmak için birçok köyden geçiyor. Bu köyde papaz ve berberle karşılaşıyor.

Papaz: Merhaba, eski dostum. Burada ne yapıyorsun?

Sanço Pança: Merhaba! Benim bir işim var ama bu iş çok gizli. Bu yüzden sana söylemiyorum.

Papaz: Sen Don Kişot'la **beraber** mi çalışıyorsun?

Sanço Pança: Evet.

Papaz: Nasıl? O tam bir deli! Bilmiyor musun?

Sanço Pança: Biliyorum, tabii ki. O çok garip bir insan ama bana çok iyi davranıyor. Bol bol altın ve yemek veriyor.

Papaz: Öyle mi?

Sanço Pança: Evet. Ayrıca, benim bir hayalim var. Bir ada istiyorum. Don Kişot bana yardım ediyor ve ben bir gün ada sahibi oluyorum.

Papaz: Ona inanma! O gerçekten deli. Biz ona yardım etmek istiyoruz. Benim bir **plan**ım var. Sen de bana yardım et.

Sanço Pança: Nasıl bir plan?

Papaz: Şimdi biz beraber Don Kişot'un yanına gidiyoruz. Onunla konuşuyoruz ve köye getiriyoruz. Köyde tedavi ediyoruz.

Sanço Pança: Ama ama onun mesajı? Dulcinea?

Papaz: Dulcinea gerçek değil! O bir hayal! Öyle bir kadın yok.

Sanço, buna çok şaşırıyor. Üzülüyor ama kabul ediyor. Papaz, berber ve Sanço, Don Kişot'un yanına dönüyor.

Birkaç saat ormanda yürüyorlar. Sonra bir anda, bir ses duyuyorlar. Ağaçların arasında, karanlıkta birisi var. Onlar önce korkuyor. Kim bu acaba? Ona yaklaşıyorlar. Ağaçlık çok karanlık. Hiç ışık yok. Sanço önden yürüyor. Biraz daha yaklaşıyor ve bakıyor: Cardenio! Evet, evet ağaçların arasında Cardenio **geziyor**. Papaz, berber ve Cardenio tanışıyor. Birlikte kamp yapıyor, yemek yiyorlar. Papaz, planı için Cardenio'dan yardım istiyor. Cardenio kabul ediyor, onlara yardım ediyor. Hep beraber ormanda Don Kişot'a bakıyorlar. Acaba Don Kişot nerede?

Bir süre ormanda yürüyorlar. Sonra, **göl**ün kıyısında yırtık kıyafetler içinde fakir bir çocuk görüyorlar. Ona uzaktan bakıyorlar. Çocuk soyunuyor. Onun uzun, sarı saçları var! Anlıyorlar, o bir çocuk değil, o bir kadın! Ona yaklaşıyorlar. O kadın, prensesler gibi güzel ***Doro***.

8. Bölüm Soruları

A - Doğru mu, yanlış mı?

		Doğru	Yanlış
1-	Cardenio çok mutlu bir adam.	☐	☐
2-	Don Kişot, sevgilisi için şiir yazıyor.	☐	☐
3-	Sanço'nun bir kalemi var.	☐	☐
4-	Papaz, Don Kişot'a yardım etmek için plan yapıyor.	☐	☐
5-	Ormanda yırtık kıyafetler içinde bir çocuk var.	☐	☐

B- Eşleştirelim.

1- Gezmek	A- Prensesler gibi güzel bir kadın.
2- Beraber	B- Birlikte.
3- Plan	C- Bir yerde yürümek, dolaşmak.
4- Doro	D- Bir yerde çok su var ama deniz gibi değil. Sınırlı bir yer.
5- Göl	E- Bir şey yapmak için önce düşünüyorsun, sonra yapıyorsun.

9. Doro Kim? Bir Prenses mi?

Güzel Doro **soyun**uyor, bu sırada bazı sesler duyuyor. Çevresine bakıyor. Her yer karanlık. Her yerde ağaçlar var, başka hiçbir şey yok. Yere bakıyor. Çantasından bir **giysi** alıyor. Tekrar bir ses duyuyor. Çok garip? Bu sesler nereden geliyor? Sonra bir anda arkasına bakıyor. Dört adam! Tam dört yabancı adam görüyor: Sanço, Cardenio, papaz ve berber.

Doro bu adamlardan korkuyor. Ağaçların arasına kaçmak istiyor. Bu sırada, papaz, "Korkma kızım. Biz iyi insanlarız." diyor. Doro, papazın giysilerine bakıyor. Evet, o adam bir papaz. Doro biraz **korkak**, onlardan uzak duruyor. Onlarla uzaktan konuşuyor. Sonra onlara güveniyor. Arkadaş oluyorlar. Birlikte yemek yiyorlar. Yemekten sonra, papaz Doro'ya birçok soru soruyor: "Sen neden ormandasın?", "Ormanda ne yapıyorsun?", "Neden yalnızsın?"

Doro bir yıl önceye dönüyor. O geçmiş günlerden bahsediyor. O bir prenses değil bir çiftçinin kızı. Onlar zengin değil. Ailesinin biraz borcu var. Doro, ailesine yardım etmek istiyor ama o çok genç. Onun işi yok. Parası da yok. Sadece güzel bir genç kız.

Doro ve onun ailesi Dük Ricardo'nın topraklarında yaşıyor. Biliyorsunuz, Dük Ricardo çok zengin bir adam ve onun Fernando adında **yaramaz** bir oğlu var. Daha önemlisi ise Fernando, Luscinda'ya aşık. Luscinda'yla evlenmek istiyor; fakat Doro'yla tanıştıktan sonra yaramaz Fernando babasına yalan söylüyor. "Ben Doro'yla evlenmek istiyorum" diyor.

Fernando çok zengin ve yakışıklı. Bu, Doro için çok iyi bir fırsat. Doro duygusal bir kadın. Kısa sürede, Doro da Fenando'dan hoşlanıyor. Onunla zaman geçirmek istiyor. Sonra bir gün, Fenando'nun evlenme teklifine "Evet." diyor.

Fernando için Doro değerli ve güzel bir kadın; ama başka güzel kadınlar da var. Günler geçiyor. Fenando ve Doro evlenmek için hazırlanıyor. Herkese davetiye gönderiyorlar. Düğün günü geliyor. Kilisede her şey hazır. Çiçekler, yemekler, içecekler... Her şey harika! Doro, düğün günü çok mutlu. Fernando ise biraz stresli.

Düğün başlıyor. Fernando aniden koşuyor, kiliseden dışarıya çıkıyor. Ormana koşuyor. İnsanlar ona sesleniyor: "Fenando, Fernando, nereye gidiyorsun?" Fenando cevap vermiyor. Köyden kaçıyor ve Luscinda'nın yanına gidiyor.

Biliyorsunuz, Luscinda aslında Cardenio'nun sevgilisi! Fernando Luscinda'ya aşık. Onunla evlenmek istiyor; fakat Luscinda da Cardenio'ya aşık!

Fernando ve Luscinda'nın düğününde peder, Fernando'ya soruyor: "Luscinda'ya evlenmek istiyor musun?" Fernando hemen "Evet." diyor. Sonra, peder Luscinda'ya soruyor: "Fernando'yla evlenmek istiyor musun?" Luscinda düşünüyor ve cevap vermiyor. Bekliyor, bekliyor. Bir süre sonra, "Evet, istiyorum." diyor. Bu cevaptan sonra Cardenio salondan çıkıyor, gidiyor.

Düğünde, Luscinda "Evet" dedikten sonra aniden yere düşüyor, bayılıyor. Luscinda'nın annesi onun yanına koşuyor. Yüzüne bakıyor. Luscinda'ya su veriyor. Bu arada, kızının elinde bir not buluyor. Bu notta bir şeyler yazıyor. Fernando, nota bakıyor ve şok oluyor:

Benim tek aşkım, Cardenio! Ben ona aşığım. Ben Fernando'yla evlenmek istemiyorum. Kalbimde sadece Cardenio var. Onunla birlikte yaşamak ve ölmek istiyorum.

Luscinda

Bu nottan sonra düğün yarım kalıyor, yani bitmiyor. Luscinda ve Fernando evlenmiyor. İnsanlar evlerine dönüyor. Luscinda doktora gidiyor. Uzun bir zaman evden dışarıya çıkmıyor. Sessiz sessiz odasında ağlıyor. Sadece annesiyle konuşuyor.

Durum çok **karışık**. Fernando, Luscinda'dan hoşlanıyor. Luscinda, Cardenio'dan hoşlanıyor. İşte imkânsız aşk bu! Kim kime aşık? Kim kimden hoşlanıyor? Hepsi çok karışık ama aşk biraz da karışık ve zor bir şey değil mi?

--- 0 ---

Doro bir saat konuştuktan sonra biraz dinleniyor ve su içiyor. Papaz ve berber onun hikâyesinden çok etkileniyor. Bu arada, Cardenio çok mutlu oluyor. Çünkü o, Doro'dan yeni şeyler öğreniyor: Luscinda hâlâ evli değil! O düğünden çıktıktan sonra düğün yarım kalıyor. Luscinda hâlâ bekâr ve Fenando'ya aşık değil! Bu çok güzel bir haber!

Daha sonra, papaz Don Kişot'a yardım için Doro'yla konuşuyor. Bir plandan bahsediyor ve ondan yardım istiyor. Doro "Tabii, yardım etmek istiyorum." diyor. Onlar hep birlikte Don Kişot'a yardım için yola çıkıyorlar. Orman çok büyük ve karanlık. Acaba Don Kişot nerede?

Birkaç saat ormanda yürüdükten sonra Don Kişot'la karşılaşıyorlar. Plan başlıyor. Doro, hemen Don Kişot'un yanına gidiyor.

Doro: Cesur şövalye Don Kişot, siz misiniz?

Don Kişot: Evet, tabii ki o benim.

Doro: Harika! Korkusuz şövalye! Ben Prenses Doro, ülkemde korkunç bir **canavar** var. Senden yardım istiyoruz. Lütfen, benim ülkeme yardım et!

Don Kişot: Ben cesur savaşçı Don Kişot'um. Tabii ki size yardım ediyorum! Bu benim birinci görevim.

Bu cevaptan sonra Doro ve diğerleri çok seviniyor. Don Kişot'la beraber yola çıkıyorlar.

9. Bölüm Soruları

A - Doğru mu, yanlış mı?

		Doğru	Ya
1-	Doro bir prenses değil. ______	☐	☐
2-	Fernando ve Luscinda evli. ______	☐	☐
3-	Aşk, çok karışık bir şey. ______	☐	☐
4-	Cardenio mutlu çünkü Luscinda evli değil. ______	☐	☐
5-	Don Kişot, Doro'ya yardım etmek istiyor. ______	☐	☐

B- Eşleştirelim.

1- Giysi	A- Bir şey çok detaylı. İnsanlar zor anlıyor.
2- Soyunmak	B- Bir insan her şeyden korkuyor. Onun için kullanıyoruz.
3- Karışık	C- Giysi çıkarmak. Çıplak olmak.
4- Korkak	D- İnsanlar üzerine giyiyor. Ceket, tişört gibi şeylerin genel adı.
5- Yaramaz	E- Bazı çocuklar hiç söz dinlemiyor ve her zaman problem çıkartıyor. Onlar için kullanıyoruz.

10. Handa Neler Oluyor?

Doro, papaz ve diğerleri biraz yürüdükten sonra hana geliyorlar. Herkes çok yorgun. Bu nedenle, hemen uyuyorlar. Gece yarısı, bir ses duyuyorlar. Handa herkes **uyanıyor**. Don Kişot mahzende şarap şişeleriyle savaşıyor. Don Kişot'a göre o şişeler aslında canavar! Kırıyor, döküyor, her yer şarap oluyor!

Hancı çok sinirleniyor ve polise haber veriyor. Don Kişot çok gürültü yapıyor bu nedenle herkes **mahzen**e gidiyor. Orada sürpriz bir karşılaşma oluyor çünkü Fernando ve Luscinda o gece handa kalıyor. Onlar, Doro ve Cardenio'yla mahzende karşılaşıyor. Tam bu sırada, polis hana geliyor. Her şey daha çok karışıyor.

Papaz yaşlı ve **bilgili** bir adam. Birkaç saat içinde her şeye çözüm buluyor. Papaz, şarap şişeleri için hancıya para veriyor. Sonra, iki aşık, Fernando ve Doro gece handa evleniyor! Dahası, Luscinda ve Cardenio zaten çok mutlular çünkü uzun zaman sonra tekrar birlikteler. Aşıklar tekrar buluştular.

Tek problem: Don Kişot ve polis. Polis çok kızgın çünkü polis için Don Kişot çok tehlikeli bir adam. Polis, Don Kişot'la konuşuyor: "Sen bizimle karakola geliyorsun! Bu gece karakolda kalıyorsun!" Bu durumda, Fernando, Don Kişot'a yardım etmek istiyor. Fernando, polisle konuşuyor:

Fernando: Ben Dük Ricardo'nun oğluyum ve Don Kişot benim arkadaşım. O sizinle birlikte karakola gelmiyor. Burada, bizimle kalıyor!

Polis: Aman efendim! Lütfen! Bu adam çok tehlikeli!

Fernando: Hayır! Don Kişot tehlikeli değil. O bizimle kalıyor! Bu kadar!

Polis: Tamam efendim, tabii ki o burada kalıyor. Sizden ve arkadaşınızdan özür diliyoruz.

Bu olaydan sonra asıl sorun Don Kişot! O yaşlı bir adam. Onun için ormanda gece gündüz atla dolaşmak çok tehlikeli. Bu nedenle, papaz tekrar bir plan yapıyor. Bu plan için bu sefer polisten yardım istiyor.

Papaz, berber ve polisler Don Kişot'a yalan söylüyorlar. Hepsi **hayalet** gibi giyiniyor. Karanlıkta Don Kişot'un karşısına çıkıyorlar ve ona "Ey Don Kişot! Cesur Şövalye! Kötü büyücü senin köyüne gidiyor çünkü sen köyde değilsin! Sen de köyüne git! O zaman, kötü büyücü senden korkuyor ve köyden kaçıyor!" diyorlar.

Don Kişot, karanlıkta bu hayaletlere inanıyor. Hemen atına biniyor ve Sanço'yla birlikte köyüne, La Mancha'ya dönüyorlar. Papazın planı işe yarıyor! Sonunda, Don Kişot evine dönüyor.

--- 0 ---

Don Kişot evine yorgun bir şekilde dönüyor. Birkaç hafta evinde dinleniyor. Yataktan çıkmıyor. Papaz ve berber sık sık onun evine gidiyor.

Papaz: Nasılsın Don Kişot? Bugün nasıl hissediyorsun?

Don Kişot: Çok iyiyim. Artık kötü büyücü buraya gelmiyor. Biliyorum, benden çok korkuyor. Ben artık eski hayatıma dönmek istiyorum.

Papaz: (Şaşırıyor!) Eski hayatın mı? Hâlâ şövalye olmak mı istiyorsun?

Don Kişot: Evet, tabii ki insanların bana ihtiyacı var.

Papaz çok şaşırıyor çünkü tüm bu olaylardan sonra Don Kişot hiç değişmiyor. Hâlâ çok fazla hayal görüyor, hâlâ hasta. Papaz buna çok üzülüyor ve bir çözüm bulmak istiyor. Ne yapmak lazım?

Papazın aklına bir fikir geliyor. Köyde, ***Carrasco*** adında güçlü bir adam var. Papaz, ondan yardım istiyor. Carrasco kabul ediyor. Papaz, berber ve Carrasco konuşuyor, birlikte başka bir plan yapıyorlar.

Plana göre, Sanço ve Don Kişot tekrar bir maceraya başlıyor. Bir gün Carrasco şövalye kıyafeti giyiyor. Ormana gidiyor ve Don Kişot'la dövüşmek istiyor ama bir şart var: **Galip** ormanın kralı oluyor, **mağlup** köye dönüyor! Mağlup şövalye asla ama asla köyden dışarı çıkmıyor. İşte yeni plan bu!

10. Bölüm Soruları

A - Doğru mu, yanlış mı?

		Doğru	Yanlış
1-	Don Kişot mahzende şişelerle savaşıyor. ______	☐	☐
2-	Fernando ve Doro handa evleniyor. __________	☐	☐
3-	Don Kişot, hayaletlere inanmıyor. ___________	☐	☐
4-	Papaz plan yapıyor. ______________________	☐	☐
5-	Plan için Carrasco şövalye kıyafeti giyiyor.____	☐	☐

B- Eşleştirelim.

1- Bilgili	A- Şarap odası.
2- Mağlup	B- Bir sıfat. Bir insan kazanıyor.
3- Uyanmak	C- Uyumamak.
4- Galip	D- Bir sıfat. Bir insan çok şey biliyor.
5- Mahzen	E- Bir sıfat. Bir insan kazanmıyor, kaybediyor.

11. Plan Başlıyor!

Sanço ve Don Kişot, yeni bir macera için ormana gidiyorlar. Günler geçiyor. Don Kişot'un aklına sevgilisi Dulcinea geliyor. O nerede? Şimdi ne yapıyor? Üzülüyor. Sonra bir anda, Don Kişot fikir değiştiriyor. Dulcinea'nın sarayına gitmek istiyor çünkü Don Kişot ona deli gibi aşık! Yol değiştiriyorlar. Yürüyorlar, yürüyorlar... Yolda yoruluyorlar. Ağaçların altında kamp yapıyorlar. O anda, ağaçların arkasından bir ses geliyor.

Don Kişot: Sanço duyuyor musun? Bir adamın sesi geliyor.

Sanço: Evet efendim. Duyuyorum.

Don Kişot: Galiba, o adam "Ormanlar Şövalyesi" meşhur ***Godzook***!

Sanço: Evet, haklısınız efendim.

Don Kişot ağaçlara yaklaşıyor. Godzook'un sesi daha güçlü geliyor: "Ben ormanlar şövalyesi Godzook! Bu ormanın kralı benim. Don Kişot'la dövüşmek istiyorum. O korkak ve güçsüz bir şövalye! Hahaha!"

Don Kişot sinirleniyor ve bağırıyor: "Don Kişot benim! İşte buradayım. Hiç kimseden korkmuyorum. Bu ormanın gerçek kralı benim!" Godzook yüksek sesle gülüyor: "Hahahah! Korkak köylü! O zaman, cesur bir şövalye gibi gel ve dövüş!"

Godzook, Don Kişot'a biraz daha yaklaşıyor. "Ben seninle dövüşüyorum ama bir şartım var: Galip ormanın kralı oluyor, mağlup köye dönüyor! Kabul ediyor musun?" Don Kişot hemen cevap veriyor: "Tabii kabul ediyorum!"

Dövüş başlıyor! Godzook birden saldırıyor. Don Kişot'a **hafif** bir şekilde vuruyor. Don Kişot geri kaçıyor, atının arkasına saklanıyor. Godzook şaşırıyor, bir an duruyor. O anda Don Kişot hemen Godzook'a saldırıyor. Onun kafasına mızrakla vuruyor. Godzook attan yere düşüyor ve **maske**si de yüzünden düşüyor. Don Kişot, Godzook'un yüzüne bakıyor. O da ne! Godzook aslında onun köyünden bir adam: Carrasco!

Godzook nerede? Don Kişot çok şaşırıyor. Buna inanmıyor: "Hayır, hayır! Bu adam Carrasco değil! Bu bir büyü! Kötü büyücü **yine** bana büyü yapıyor! Godzook nerede!"

***

Don Kişot galip oluyor ve köye gitmiyor. Maceraya devam ediyor. Maalesef papazın planı tekrar **başarısız** oluyor. Don Kişot hâlâ tehlikeli maceralarına devam ediyor.

11. Bölüm Soruları

A - Doğru mu, yanlış mı?

		Doğru	Ya
1-	Dulcinea sarayda yaşıyor. ________________	☐	☐
2-	Sanço Pança, Godzook gibi giyiniyor. ________	☐	☐
3-	Dövüşmek için Godzook'un bir şartı var. ______	☐	☐
4-	Don Kişot, aslında Carrasco'yla dövüşüyor. ____	☐	☐
5-	Godzook galip, Don Kişot mağlup.___________	☐	☐

B- Eşleştirelim.

1- Başarısız	A- Ormanlar şövalyesi.
2- Hafif	B- Şövalyeler yüzlerine takıyor. Metal bir koruyucu.
3- Maske	C- Ağır veya şiddetli değil.
4- Yine	D- Tekrar, yeniden.
5- Godzook	E- Bir sıfat. Bir şey iyi sonuçlanmıyor. Başarılı değil.

12. Büyülü Olaylar

O günden sonra, Don Kişot çok mutlu oluyor çünkü o artık daha cesur ve daha heyecanlı. Dağlarda geziyorlar, ormanlarda yürüyorlar. Bir gün ormanda, Sanço bir at arabası görüyor: "Efendim, işte yeni bir macera!" Don Kişot, hemen at arabasına yaklaşıyor. At arabasında bir adam var.

Don Kişot: Hey **arabacı**! Siz kimsiniz?

Arabacı: Biz, kralın adamlarıyız. Sen kimsin! Arabanın önünden çekil!

Don Kişot: Ben korkusuz şövalye ve "ormanlar kralı" Don Kişot'um. Cevap ver! Bu arabanın içinde ne var?

Arabacı: Arabanın arkasında, kafesin içinde **vahşi** ve aç bir **aslan** var! Bu aslan kralımız için bir hediye.

Don Kişot: Aslan mı? Vahşi mi? Nerede o? Hemen göster!

Arabacı: Ne diyorsun! Sen deli misin? Aslan çok vahşi ve aç. Anlamıyor musun?

Don Kişot: Ben bu ormanın kralıyım. Küçük bir kediden korkmuyorum! Görmek istiyorum.

Arabacı: Tamam ama biz aslandan çok korkuyoruz. Sen aç. Biz buradan uzaklaşıyoruz.

Don Kişot, kafese yaklaşıyor ve açıyor. Aslan, kafeste yerde uyuyor. Don Kişot, aslana sesleniyor: "Hey küçük kedi!" Bu sesten sonra aslan uyanıyor, Don Kişot'a bakıyor sonra tekrar uyuyor. Arabacı buna çok şaşırıyor ve geri geliyor: "Don Kişot, sen çok cesur bir adamsın! Bu vahşi aslan senden korkuyor!" Don Kişot gülümsüyor: "Ben bu ormanın kralıyım. Bu ormanda benden daha güçlü kimse yok!" Don Kişot artık daha da cesur ve güçlü bir şekilde ormanda dolaşıyor.

Don Kişot ve Sanço gece ormanda bir yerde kamp yapıyorlar. Uyandıktan sonra sabah yola devam ediyorlar. Bir nehir görüyorlar. Don Kişot bu nehirde küçük bir **sandal** görüyor: "Bak Sanço, **büyülü** bir gemi!" Sanço şaşırıyor çünkü o bir gemi değil, o küçük bir sandal. Don Kişot ve Sanço, sandala biniyorlar.

Nehirde ilerliyorlar. Sandalla gezmek çok eğlenceli. Bu, Don Kişot için yeni bir macera. Tabii, nehirde birçok **su değirmeni** var. Don Kişot bir değirmene bakıyor: "Sanço, bak burada büyülü bir canavar var." Sanço bakıyor, orada bir canavar yok: "Efendim, o canavar değil, bir su değirmeni! Biz ona hızla yaklaşıyoruz!" Don Kişot çok mutlu çünkü yeni bir savaş başlıyor. O, büyülü canavarla savaşmak istiyor. Sanço ise hemen durmak istiyor çünkü çok hızlı gidiyorlar ve bu çok tehlikeli.

Sanço sandaldan inmek istiyor ama yanlış bir şey yapıyor. Don Kişot ve Sanço suya düşüyor! Onlar ıslanıyor. Sanço çok üşüyor ve Don Kişot'a çok kızıyor. Sanço artık Don Kişot'tan ve onun hayallerinden sıkılıyor. Onunla birlikte çalışmak istemiyor. Emekli olmak ve evine dönmek istiyor ama şu an evinden çok uzakta, ormanın içinde bir yerde. Bu yüzden, şu an eve dönmek mümkün değil.

12. Bölüm Soruları

A - Doğru mu, yanlış mı?

	Doğru	Ya
1- Kafesin içinde bir aslan var. ______	☐	☐
2- Don Kişot, aslandan çok korkuyor. ______	☐	☐
3- Nehirde büyülü bir gemi var. ______	☐	☐
4- Don Kişot ve Sanço suya düşüyor. ______	☐	☐
5- Sanço evine dönmek istiyor. ______	☐	☐

B- Eşleştirelim.

1- Vahşi	A- Agresif, yabani.
2- Arabacı	B- Küçük bir araç. Gemi gibi denizde gidiyor.
3- Su değirmeni	C- Çok vahşi ve tehlikeli bir hayvan.
4- Sandal	D- Bir insan araba kullanıyor. Onun adı.
5- Aslan	E- Nehrin içinde büyük bir pervane. Suyla dönüyor.

13. Prens ve Prenses

Don Kişot ve Sanço ormanda yola devam ediyorlar. Birkaç gün sonra yolda bir at görüyorlar. Atın üstünde bir ***prenses*** var. Don Kişot, prensesle tanışmak istiyor. Prensesin yanına gidiyor.

Don Kişot: Merhaba prensesim! Ben korkusuz şövalye Don Kişot'um.

Prenses: Merhaba Don Kişot! Şurada bir saray var ve ben o sarayın prensesiyim.

Don Kişot: Memnun oldum, prensesim.

Prenses: Ben de memnun oldum, korkusuz şövalye. Ben ve kocam, şövalyelerden çok hoşlanıyoruz. Şövalyelerin birçok macerası ve hikâyesi oluyor.

Don Kişot: Evet, benim birçok savaş hikâyem var.

Prenses: Ben dinlemek istiyorum. Benimle saraya gelmek istiyor musunuz? Sarayda sıcak ve lezzetli yemeklerimiz ve **rahat** yataklarımız var.

Don Kişot: Bu çok güzel bir fikir. Tabii ki, biz sizinle saraya gelmek istiyoruz.

Don Kişot ve Sanço, prensesle birlikte saraya gidiyor. Orada, prensesin kocası ***prens***le tanışıyor. Prens ve Don Kişot biraz konuşuyorlar. Don Kişot, prense devlerden ve canavarlardan bahsediyor. Prens bu hikâyelere inanmıyor. Don Kişot'la konuştuktan sonra prensesin yanına gidiyor.

Prens: Biliyor musun, Don Kişot ve Sanço çok garip davranıyor.

Prenses: (Gülüyor.) Evet, biliyorum.

Prens: Don Kişot **sürekli** korkunç devlerden ve büyülü canavarlardan bahsediyor. Sanço ise mutfaktan çıkmıyor. Gece gündüz yemek yiyor.

Prenses: (Gülüyor.) Evet, evet biliyorum. Çok garip ve komikler.

Dük odadan çıkıyor. O eğlenceli bir adam ve Don Kişot'la eğlenmek istiyor. Ona şakalar yapıyor. Birlikte parti yapıyorlar, güzel yemekler yiyorlar, lezzetli şeyler içiyorlar. Don Kişot ve Sanço rahat yataklarda uyuyorlar. Onlar sarayda çok mutlu.

Başka bir gün, Don Kişot ve Sanço ava çıkıyorlar. Ormanda, garip bir ses duyuyorlar. Neler oluyor? Karşıdan siyah bir at geliyor. Atın üstünde bir adam var. O adam, Don Kişot'a bir mektup veriyor:

Merhaba Don Kişot,

Ben senin gizli bir arkadaşınım. Sana yardım etmek istiyorum bu nedenle sana mektup yazıyorum. Kötü büyücü, sevgilin Dulcinea'ya büyü yapıyor. Büyü yaptıktan sonra Dulcinea değişiyor ve kötü bir dev oluyor.

Sen, Dulcina'ya yardım etmek istiyor musun?

Evet, biliyorum, tabii ki yardım etmek istiyorsun. Ona yardım etmek için hemen saraya git. Orada prensin büyülü bir atı var. O atın kanatları var ve o at uçuyor! Sen o ata biniyorsun ve uçuyorsun. İşte o zaman, büyü yok oluyor. Dulcinea tekrar normal bir insan oluyor.

Sana inanıyorum Don Kişot.

Sen çok cesursun ve güçlüsün ama lütfen dikkatli ol, büyücü çok tehlikeli.

Gizli bir arkadaşın.

Mektup, Don Kişot'un sevgilisi Dulcinea hakkında. Bu nedenle bu mektup çok önemli. Mektuba göre kötü büyücü, Dulcinea'ya büyü yapıyor.

Okuduktan sonra, Don Kişot ve Sanço hemen saraya dönüyor. Sarayda çok büyük bir at var ama o at büyülü değil. Canlı değil. Gerçek değil. Tahtadan **sahte** bir at!

Aslında her şey bir oyun. Her şey prensin bir oyunu. Prens ve prenses, Don Kişot'la eğleniyorlar. Don Kişot ve Sanço ise buna inanıyor. Don Kişot heyecanlanıyor ve bağırıyor: "Evet! İşte o büyülü at! Bekle güzel sevgilim Dulcinea, şimdi ben bu ata biniyorum ve sen tekrar insan oluyorsun!"

Don Kişot ve Sanço birlikte ata **tırmanıyorlar**. At çok büyük. Atın üstünde oturuyorlar. "Dıgıdık dıgıdık! Oley!"

Prens ve prenses onlara çok gülüyor. Don Kişot ve Sanço'ya göre ise her şey gerçek. At canlı, kanatları var ve gerçekten uçuyor. Don Kişot ve Sanço da atla birlikte uçuyor...

Don Kişot ve Sanço bu büyük maceradan sonra çok yoruluyor. Odalarına gidiyor ve dinleniyorlar. Birkaç gün dinlendikten sonra saraydan ayrılıyorlar.

Yeni bir macera zamanı!

13. Bölüm Soruları

A - Doğru mu, yanlış mı?

		Doğru	Yanlış
1-	Prens ve prenses sarayda yaşıyor. ________	☐	☐
2-	Sanço sarayda çok yemek yiyor. ________	☐	☐
3-	Prens ve prenses ava çıkıyor.________	☐	☐
4-	Sarayda gerçek bir büyülü at var.________	☐	☐
5-	Prens ve prenses, Don Kişot'la eğleniyor. ______	☐	☐

B- Eşleştirelim.

1- Rahat	A- Prensesin kocası.
2- Sahte	B- Yüksek bir yere çıkmak.
3- Sürekli	C- Her zaman, devamlı.
4- Prens	D- Konforlu.
5- Tırmanmak	E- Bir şey gerçek değil.

14. Don Kişot Eve Dönüyor

Saraydan çıktıktan sonra, Don Kişot ve Sanço yeni bir maceraya başlamak için ormana gidiyorlar. Birkaç gün yürüyorlar, kamp yapıyorlar. Ormanda farklı farklı çiçekler, ağaçlar, hayvanlar görüyorlar. Sonra sıkılıyorlar ve yeni bir şehre gitmek istiyorlar. Barselona! Yeni ve güzel bir **şehir**! Yeni maceralar!

Birlikte Barselona'ya gidiyorlar. Orada Don Kişot çok popüler çünkü herkes ona ve onun maceralarına gülüyor. Orada, çok güzel günler geçiriyorlar. Sonra, bir gün, genç bir şövalye, Don Kişot'un yanına geliyor.

Genç Şövalye: Dur, Don Kişot! Ben **Beyaz Ay Şövalyesi**'yim. Sen çok ünlüsün ve bu benim için bir problem. Ben gencim ve ben de ünlü olmak istiyorum. Bu nedenle, seninle dövüşmek istiyorum.

Don Kişot: Tabii ki! Ben her zaman hazırım, genç adam!

Genç Şövalye: Ama benim bir şartım var. Ben kazanıyorum, sen bu şehirden ayrılıyorsun. Köyüne geri dönüyorsun.

Don Kişot: Tamam, kabul ediyorum.

Beyaz Ay Şövalyesi ve Don Kişot dövüşüyor. Beyaz Ay Şövalyesi genç ve hızlı. Don Kişot ise yaşlı ve yavaş. Bu nedenle, Beyaz Ay Şövalyesi galip oluyor, Don Kişot mağlup oluyor. Don Kişot yere düşüyor, yaralanıyor ve ağlıyor. Sanço, Don Kişot'un yanına gidiyor.

Sanço : Efendim, iyi misiniz?

Don Kişot: Hayır, iyi değilim. Kolum ağrıyor, **başım** çok kötü.

Sanço : Efendim, doktor istiyor musunuz?

Don Kişot: Hayır, hiçbir şey istemiyorum. Galiba, ben artık yaşlı ve güçsüzüm.

Sanço : Hayır efendim, hayır! Siz hâlâ güçlü ve korkusuz bir şövalyesiniz!

Don Kişot: Hayır Sanço hayır. Ben eskisi gibi güçlü değilim. Artık, köyüme dönmek istiyorum.

Sanço: Tamam efendim. Yarın köyümüze gidiyoruz.

Don Kişot ve Sanço ertesi gün yola çıkıyorlar. Üç gün ormanda yürüyorlar. Don Kişot, köye gidiyor ve hemen eve giriyor. 6 gün uyuyor. Bazen kötü **rüyalar görüyor**. Rüyalarda vahşi hayvanlar, korkunç devler ve kötü büyücüler görüyor. Sanço, Peder ve berber Don Kişot'un evinde bekliyorlar.

Don Kişot 6 gün sonra uyanıyor. Artık korkusuz bir şövalye olmak istemiyor. O yorgun, yaşlı ve güçsüz. Yataktan çıkmıyor. Her gün daha kötü oluyor. Sanço, hep onun yanında duruyor. Peder ve berber de onunla birlikte. Hepsi çok üzgün çünkü Don Kişot **iyileşmiyor**. Bundan birkaç gün sonra, bir sabah, korkusuz şövalye Don Kişot uyanmıyor.

14. Bölüm Soruları

A - Doğru mu, yanlış mı?

		Doğru	Ya
1-	Don Kişot ve Sanço, Barselona'ya gitmiyor. ___	☐	☐
2-	Don Kişot çok ünlü bir şövalye. ___	☐	☐
3-	Beyaz Ay Şövalyesi genç ve hızlı. ___	☐	☐
4-	Don Kişot galip oluyor. ___	☐	☐
5-	Don Kişot evinde ölüyor. ___	☐	☐

B- Eşleştirelim.

1- Baş	A- Daha iyi olmak.
2- Rüya görmek	B- Barselona'da genç bir şövalye.
3- Şehir	C- Uykuda hayaller görmek.
4- İyileşmek	D- Vücudun bir parçası. Göz, ağız, burun, kulak burada yer alıyor.
5- Beyaz Ay Şövalyesi	E- Çok büyük bir yer. Burada birçok insan yaşıyor.

ALIŞTIRMALAR

A- Sözcük Çalışması

H	E	Z	Ö	N	Ğ	A	V
A	K	A	F	E	S	Z	R
N	Ü	Ş	İ	H	E	Ü	B
C	G	A	R	İ	P	P	O
I	E	C	A	R	O	A	R
N	M	T	A	S	V	P	Ç
T	İ	U	T	E	İ	A	U
Z	İ	N	C	İ	R	Z	K

1. Don Kişot biraz _ _ _ _ _bir adam.
2. _ _ _ _ _ handa çalışıyor. Bu kişi, hanın sahibi.
3. Don Kişot nehirde büyülü ve büyük bir _ _ _ _ görüyor.
4. _ _ _ _ _te çok büyük ve vahşi bir aslan var!
5. Pasamonte, askerden anahtar alıyor ve _ _ _ _ _ _ _ den kurtuluyor.
6. Horatio'nun başında _ _ _ var ama Don Kişot buna inanmıyor.
7. Don Kişot ve Sanço _ _ _ _ _de sandala biniyor.
8. Doro, _ _ _ _ ödemek için evlenmek istiyor.
9. Don Kişot'un arkadaşı _ _ _ _ _ çok iyi bir insan.
10. Don Kişot ve Sanço ormanda _ _ a çıkıyorlar.

B- Eşleştirelim.

1-	Mahkûmlar	a-	Yel değirmenleriyle savaşıyor.
2-	Godzook	b-	Gemilerde gece gündüz çalışıyorlar.
3-	Don Kişot	c-	Don Kişot'la eğleniyor.
4-	Fernando ve Doro	d-	Handa evleniyorlar.
5-	Prens ve Prenses	e-	Ormanlar Şövalyesi.

C- Cevaplayalım.

1. Şövalyeler genellikle neler yapıyor?

____

2. Ormanda neler var?

____

3. Don Kişot nasıl bir insan?

____

4. Sanço Pança nelerden hoşlanıyor?

____

5. Papaz ve berber neden Don Kişot'a yardım etmek istiyor?

____

6. Şövalyeler neler giyer?

____

ALIŞTIRMALARIN CEVAPLARI

A- Sözcük Çalışması

H	E	Z	Ö	N	Ğ	A	V
A	K	A	F	E	S	Z	R
N	Ü	Ş	İ	H	E	Ü	B
C	G	A	R	İ	P	P	O
I	E	C	A	R	O	A	R
N	M	T	A	S	V	P	Ç
T	İ	U	T	E	İ	A	U
Z	İ	N	C	İ	R	Z	K

1. Don Kişot biraz **garip** bir adam.
2. **Hancı** handa çalışıyor.
3. Don Kişot nehirde büyük ve büyülü **gemi** görüyor.
4. **Kafes**te çok büyük ve vahşi bir aslan var!
5. Pasamonte, askerden anahtar alıyor ve **zincir**den kurtuluyor.
6. Horatio'nun başında **tas** var ama Don Kişot buna inanmıyor.
7. Don Kişot ve Sanço **nehir**de sandala biniyor.
8. Doro, **borç** ödemek için evlenmek istiyor.
9. Don Kişot'un arkadaşı **Papaz** çok iyi bir insan.
10. Don Kişot ve Sanço ormanda **av**a çıkıyorlar.

B- Eşleştirelim.

1-B, 2-E, 3-A, 4-D, 5-C

BÖLÜM SORULARININ CEVAPLARI

1. BÖLÜMÜN CEVAPLARI

A- Doğru mu, yanlış mı?

		Doğru	Ya
1-	Don Kişot çok genç bir şövalye. ______________	□	■
2-	Don Kişot çok kitap okuyor ve hayal kuruyor.___	■	□
3-	Türkiye'de çok şövalye var. ______________	□	■
4-	Rocinante, Don Kişot'un atının adı. __________	■	□
5-	Dulcinea çok güzel bir kız. ______________	■	□

B- Eşleştirelim.

1-E, 2-D, 3-B, 4-A, 5-C

2. BÖLÜMÜN CEVAPLARI

A - Doğru mu, yanlış mı?

		Doğru	Yan
1-	Don Kişot kalede bir kralla konuşuyor. ________	□	■
2-	Ağaçların arasında karanlıkta bir çoban var. ____	■	□
3-	Hancı ve çoban yakın arkadaşlar. ___________	■	□
4-	Çoban, Don Kişot'a vuruyor. ______________	□	■
5-	Don Kişot köyüne geri dönüyor. ___________	■	□

B- Eşleştirelim.

1-D, 2-E, 3-A, 4-C, 5-B

3. BÖLÜMÜN CEVAPLARI

A - Doğru mu, yanlış mı?

		Doğru	Yanlış
1.	Sanço Pança, Don Kişot'un yardımcısı. ______	■	□
2.	Kötü büyücü ormanda yaşıyor.______	□	■
3.	Ormanın içinde birçok dev var. ______	□	■
4.	Papaz ve berber, Don Kişot'a inanmıyor.______	■	□
5.	Don Kişot yaralandıktan sonra köye dönüyor.____	□	■

B- Eşleştirelim.

1-D, 2-E, 3-C, 4-B, 5-A

4. BÖLÜMÜN CEVAPLARI

A - Doğru mu, yanlış mı?

		Doğru	Yanlış
1-	Sanço Pança yemekten hiç hoşlanmıyor. ______	□	■
2-	Don Kişot, berberin sözlerine inanmıyor. ______	■	□
3-	Berberin başında bir savaş başlığı var. ______	□	■
4-	Horatio, Don Kişot'tan çok korkuyor. ______	□	■
5-	Don Kişot başına bir tas takıyor. ______	■	□

B- Eşleştirelim.

1-D, 2-E, 3-C, 4-B, 5-A

5. BÖLÜMÜN CEVAPLARI

A - Doğru mu, yanlış mı?

		Doğru	Yan
1-	Grupta mahkûmlar ve askerler var. ____________	■	□
2-	Don Kişot mahkûmlara yardım etmek istiyor.___	■	□
3-	Mahkûmlar 1 yıl gemilerde çalışıyor. _________	□	■
4-	Pasamonte korkusuz bir adam değil. __________	□	■
5-	Mahkûmlar Don Kişot'a saldırıyor. __________	■	□

B- Eşleştirelim.

1-A, 2-B, 3-C, 4-D, 5-A

6. BÖLÜMÜN CEVAPLARI

A - Doğru mu, yanlış mı?

		Doğru	Yan
1-	Don Kişot ve Sanço askerlerden kaçıyor. ___	■	□
2-	Don Kişot çantadan altın alıyor.____________	□	■
3-	Cardenio polis veya asker değil. ____________	■	□
4-	Sanço Pança, Cardenio'ya sorular soruyor. __	□	■
5-	Son bölümde, Cardenio hikâye anlatıyor. _____	■	□

B- Eşleştirelim.

1-D, 2-C, 3-B, 4-A, 5-E

7. BÖLÜMÜN CEVAPLARI

A - Doğru mu, yanlış mı?

		Doğru	Yanlış
1.	Cardenio, Luscinda'ya aşık.	■	□
2.	Fernando, zengin Dük Ricardo'nun oğlu.	■	□
3.	Cardenio, Luscinda'dan uzak bir yerde çalışıyor.	■	□
4.	Fernando ve Luscinda düğün yapıyor.	■	□
5.	Cardenio düğüne gizli bir şekilde gidiyor.	■	□

B- Eşleştirelim.

1-C, 2-E, 3-D, 4-B, 5-A

8. BÖLÜMÜN CEVAPLARI

A - Doğru mu, yanlış mı?

		Doğru	Yanlış
1-	Cardenio çok mutlu bir adam.	□	■
2-	Don Kişot, sevgilisi için şiir yazıyor.	■	□
3-	Sanço 'nun bir kalemi var.	□	■
4-	Papaz, Don Kişot'a yardım etmek için plan yapıyor.	■	□
5-	Ormanda yırtık kıyafetler içinde bir çocuk var.	□	■

B- Eşleştirelim

1-C, 2-B, 3-E, 4-A, 5-D

9. BÖLÜMÜN CEVAPLARI

A - Doğru mu, yanlış mı?

		Doğru	Yan
1-	Doro bir prenses değil. ____________________	■	□
2-	Fernando ve Luscinda evli.__________________	□	■
3-	Aşk, çok karışık bir şey. __________________	■	□
4-	Cardenio mutlu çünkü Luscinda evli değil.____	■	□
5-	Don Kişot, Doro'ya yardım etmek istiyor._____	■	□

B- Eşleştirelim

1-D, 2-C, 3-A, 4-B, 5-E

10. BÖLÜMÜN CEVAPLARI

A - Doğru mu, yanlış mı?

		Doğru	Yan
1-	Don Kişot mahzende şişelerle savaşıyor. ______	■	□
2-	Fernando ve Doro handa evleniyor. __________	■	□
3-	Don Kişot, hayaletlere inanmıyor. ___________	□	■
4-	Papaz plan yapıyor. _______________________	■	□
5-	Plan için Carrasco şövalye kıyafeti giyiyor.____	■	□

B- Eşleştirelim.

1-D, 2-E, 3-C, 4-B, 5-A

11. BÖLÜMÜN CEVAPLARI

A - Doğru mu, yanlış mı?

		Doğru	Yanlış
1-	Dulcinea sarayda yaşıyor. ________	■	□
2-	Sanço Pança, Godzook gibi giyiniyor. ________	□	■
3-	Dövüşmek için Godzook'un bir şartı var. ________	■	□
4-	Don Kişot, aslında Carrasco'yla dövüşüyor. ________	■	□
5-	Godzook galip, Don Kişot mağlup. ________	□	■

B- Eşleştirelim.

1-E, 2-C, 3-B, 4-D, 5-A

12. BÖLÜMÜN CEVAPLARI

A - Doğru mu, yanlış mı?

		Doğru	Yanlış
1-	Kafesin içinde bir aslan var. ________	■	□
2-	Don Kişot, aslandan çok korkuyor. ________	□	■
3-	Nehirde büyülü bir gemi var. ________	□	■
4-	Don Kişot ve Sanço suya düşüyor. ________	■	□
5-	Sanço evine dönmek istiyor. ________	■	□

B- Eşleştirelim.

1-A, 2-B, 3-E, 4-B, 5-C

13. BÖLÜMÜN CEVAPLARI

A - Doğru mu, yanlış mı?

		Doğru	Yan
1-	Prens ve prenses sarayda yaşıyor. ____________	■	□
2-	Sanço sarayda çok yemek yiyor. ____________	■	□
3-	Prens ve prenses ava çıkıyor.______________	□	■
4-	Sarayda gerçek bir büyülü at var. ___________	□	■
5-	Prens ve prenses, Don Kişot'la eğleniyor. _____	■	□

B- Eşleştirelim.

1-D, 2-E, 3-C, 4-A, 5-B

14. BÖLÜMÜN CEVAPLARI

A - Doğru mu, yanlış mı?

		Doğru	Yan
1-	Don Kişot ve Sanço , Barselona'ya gitmiyor. __	□	■
2-	Don Kişot çok ünlü bir şövalye. _____________	■	□
3-	Beyaz Ay Şövalyesi genç ve hızlı.____________	■	□
4-	Don Kişot galip oluyor. ____________________	□	■
5-	Don Kişot evinde ölüyor. ___________________	■	□

B- Eşleştirelim.

1-D, 2-C, 3-E, 4-A, 5-B

KARAKTERLER

Beyaz Ay Şövalyesi/Genç Şövalye: Bu genç bir şövalye ve Barselona'da yaşıyor. Don Kişot'tan nefret ediyor.

Cardenio: Fakir bir ailenin çocuğu. O Luscinda'ya aşık. Onunla evlenmek istiyor. Para için Dük Ricardo'nın yanına gidiyor.

Carrasco: Don Kişot'un köyünde yaşıyor. O, papazla konuşuyor ve Don Kişot'a yardım etmek istiyor.

Don Kişot: İspanya'da bir köyde yaşıyor. O köy La Mancha'da. 50 yaşında ve zayıf bir adam. Küçük bir evi var.

Doro: Güzel ve iyi bir kız. Fakir bir ailesi var. Fernando'yla evlenmek istiyor ama düğünde bir problem yaşıyor.

Dulcinea: Don Kişot'un sevgilisi. Ama gerçek değil. Yani böyle bir kadın yok!

Dük Ricardo: Çok zengin bir adam. Cardenio, bu adamın çiftliğinde çalışıyor.

Prens ve Prenses: Bunlar karı ve koca. Onların sarayı var. Don Kişot ve Sanço Pança o sarayda birkaç gün kalıyor.

Fernando: Dük Ricardo'nın oğlu. Maceradan ve kadınlardan çok hoşlanıyor.

Godzook: Bu adam ünlü bir şövalye, ormanlar şövalyesi. Ama bu hikâyede gerçek Godzook yok. Başka bir adam var ve o adam aslında Carrasco. Don Kişot, Carrasco'yla dövüşüyor; ama Godzook sanıyor.

Hancı: Hanın sahibi. Don Kişot'tan korkuyor ve ondan hoşlanmıyor.

Horatio: Bu adam ünlü bir şövalye. Ama bu hikâyede gerçek Horatio yok. Başka bir adam var ve o adam aslında berber. Don Kişot, berberle dövüşüyor; ama Horatio sanıyor.

Luscinda: Çok güzel bir kadın. Cardenio'ya aşık; fakat çok şanssız bir kadın.

Papaz ve Berber: Bu iki kişi, Don Kişot'un arkadaşları. Her zaman ona yardım etmek istiyorlar.

Peder:Papaz gibi kilisede çalışıyor. Fernando ve Luscinda'nın düğününde yer alıyor.

Pasamonte: Suçluların kralı. Çok kötü ve zalim bir adam.

Rocinante: Don Kişot'un atı.

Sanço Pança: Don Kişot'un tombul yardımcısı. O biraz saf bir çiftçi. Yemek ve para seviyor. Bir ada sahibi olmak istiyor.

SÖZLÜKÇE

Acımasız: Kötü, zalim insan. (Bölüm 5)
Örnek: Askerler çok acımasız.
Aç: Bu bir sıfat. Bir insan yemek yemek istiyor. Onun için kullanıyoruz. (Bölüm 6)
Örnek: Cardenio çok aç.
Altın: Çok değerli bir metal. (Bölüm 6)
Örnek: Çantada değerli eşyalar var: birçok altın, defter ve tişört.
Arabacı: Bir insan araba kullanıyor. Bu onun adı. (Bölüm 12)
Örnek: Hey arabacı! Siz kimsiniz?
Aslan: Çok vahşi ve tehlikeli bir hayvan. Çok büyük bir kedi gibi görünüyor. (Bölüm 12)
Örnek: Arabanın arkasında, kafesin içinde vahşi ve aç bir aslan var!
Av: Yemek için hayvan. Mesela fare, kedi için bir av. (Bölüm 1)
Örnek: Her sabah erken kalkıyor, ava gidiyor.
Bahsetmek: (-DEn) Bir şeyden konuşmak. (Bölüm 1)
Örnek: Don Kişot her zaman kitaplardan ve şövalyelerden bahsediyor.
Baş: Vücudun bir parçası. Göz, ağız, burun, kulak burada yer alıyor. (Bölüm 4)
Örnek: Horatio'nun başında bir şey var.
Başarısız: Bu bir sıfat. Bir şey, bir insan başarılı değil. Kötü sonuç alıyor. Onun için kullanıyoruz. (Bölüm 11)
Örnek: Maalesef papazın planı tekrar başarısız oluyor.
Başlık: Bir kıyafet, insanlar başına takıyor. Şapka. (Bölüm 4)
Örnek: O tas değil, bir başlık. Güzel bir savaş başlığı!
Bayılmak: Heyecandan, yorgunluktan, sıcaklıktan kısa bir süre uyumak. (Bölüm 2)
Örnek: Çobanın kafasına vuruyor. Çoban bayılıyor.

Berber: Bir meslek adı. Bu insan, saç kesiyor. (Bölüm 1)
Örnek: Don Kişot'un iki arkadaşı var. Biri papaz, diğeri berber.
Beraber: Birlikte. (Bölüm 8)
Örnek: Sen Don Kişot'la beraber mi çalışıyorsun?
Bilgili: Bu bir sıfat. Bir insan çok şey biliyor. Onun için kullanıyoruz. (Bölüm 10)
Örnek: Papaz yaşlı ve bilgili bir adam.
Biriktirmek: Çoğaltmak. Para kazanıyorsun ama hiç para harcamıyorsun. Daha çok paran oluyor. (Bölüm 3)
Örnek: Don Kişot para biriktiriyor.
Borç: Bir insandan para alıyorsun. O para senin değil, borç. (Bölüm 9)
Örnek: Ailesinin biraz borcu var.
Büyü: Bu gerçek değil. Genellikle, masallarda cadılar yapıyor. Sihir. (Bölüm 3)
Örnek: Kötü büyücü devlere büyü yapıyor.
Büyücü: Bu bir insan. Büyü yapıyor. (Bölüm 3)
Örnek: Kötü büyücü devlere büyü yapıyor.
Büyülü: Bu bir sıfat. Onda büyü var. (Bölüm 12)
Örnek: Bak Sanço, büyülü bir gemi!
Canavar: Büyük ve kötü bir hayvan, gerçek değil. (Bölüm 9)
Örnek: Benim ülkemde korkunç bir canavar var.
Çoban: Bu bir insan. Bu insanın işi hayvanlara bakmak. Genellikle, köylerde yaşıyor. (Bölüm 2)
Örnek: O adam kötü bir şövalye değil, masum bir çoban.
Deli: Bu bir sıfat. Bir insan normal değil, çılgın. (Bölüm 5)
Örnek: Bu adam tam bir deli!
Dev: Çok büyük bir şey. Masallarda çok büyük insanların adı. (Bölüm 3)
Örnek: Biraz ormanda ilerledikten sonra Don Kişot bir dev görüyor.

Dövüşmek: Bir insan, başka bir insana vuruyor. Kavga ediyorlar. (Bölüm 10)
Örnek: Ormana gidiyor ve Don Kişot'la dövüşmek istiyor.
Düğün: Bir tür parti. Genellikle evlenmeden önce yapıyorlar. (Bölüm 7)
Örnek: Bir süre sonra, Fernando ve Luscinda düğün yapıyor.
Eğlenmek: Güzel zaman geçirmek. (Bölüm 7)
Örnek: Birlikte zaman geçiriyorlar, eğleniyorlar.
Etkilenmek: Çok sevmek, hoşlanmak. (Bölüm 1)
Örnek: Son zamanlarda Don Kisot bu kitaplardan çok etkileniyor.
Ezberlemek: Çok iyi öğrenmek. (Bölüm 8)
Örnek: Ben şiir söylüyorum, sen ezberliyorsun.
Galip: Bir insan kazanıyor. Bu insan galip. (Bölüm 10)
Örnek: Galip ormanın kralı oluyor, mağlup köye dönüyor!
Garip: Normal değil, acayip. (Bölüm 1)
Örnek: Don Kişot biraz garip davranıyor.
Gemi: Büyük bir araç. Denizde gidiyor. (Bölüm 5)
Örnek: Mahkûmlar, buradan denize kadar yürüyorlar. Orada gemilere biniyorlar.
Gezmek: Bir yerde yürümek, dolaşmak. (Bölüm 8)
Örnek: Evet, evet ağaçların arasında Cardenio geziyor.
Giysi: İnsanlar giyiyor. Ceket, tişört gibi bir şeylerin genel adı. (Bölüm 9)
Örnek: Çantasından bir giysi alıyor.
Göl: Bir yerde çok su var ama deniz gibi değil. Sınırlı bir yer. (Bölüm 8)
Örnek: Sonra, gölün kıyısında yırtık kıyafetler içinde fakir bir çocuk görüyorlar.
Gölge: Gündüzleri güneşsiz, karanlık yer. (Bölüm 4)
Örnek: Biraz yürüdükten sonra, ağaçların altında, gölge bir yere oturuyorlar.
Göstermek: İşaret etmek, belirtmek. (Bölüm 7)
Örnek: O zaman, babası ona bir mektup gösteriyor.

Hafif: Ağır veya şiddetli değil. (Bölüm 11)
Örnek: Don Kişot'a hafif bir şekilde vuruyor.
Han: Eski zamanlarda otel. (Bölüm 2)
Örnek: Aslında orası bir kale değil, orası bir han ve o adam sadece bir hancı.
Hancı: Bu bir insan. Bu insan handa çalışıyor. (Bölüm 2)
Örnek: Aslında orası bir kale değil, orası bir han ve o adam sadece bir hancı.
Hayalet: Bu cin gibi bir şey. Gerçek değil. (Bölüm 10)
Örnek: Hepsi hayalet gibi giyiniyor.
İmkânsız: Bir şey mümkün değil. (Bölüm 5)
Örnek: Mahkûmlara yardım etmek imkânsız.
İyileşmek: Daha iyi olmak. Mesela hasta bir insan doktora gidiyor. Sonra ilaç içiyor ve iyileşiyor. (Bölüm 14)
Örnek: Hepsi çok üzgün çünkü Don Kişot iyileşmiyor.
İzin: Bir şey yapmak için gerekli. Mesela, bir öğrenci tuvalete gitmek istiyor. Öğretmenden "izin" istiyor. (Bölüm 2)
Örnek: Savaşçılar kraldan izin aldıktan sonra gerçek bir şövalye oluyor.
Kafes: Metal bir yer. Burada genellikle hayvanlar var. (Bölüm 12)
Örnek: Kafesin içinde vahşi ve aç bir aslan var!
Kahkaha atmak: Yüksek sesle gülmek. (Bölüm 5)
Örnek: Pasamonte, Don Kişot'un yüzüne bakıyor ve kahkaha atıyor.
Kale: Eski zamanlar genellikle çok büyük taş duvarlı bir tür ev. Kalenin içinde askerler var. İnsanlar düşmanlarla daha kolay savaşmak için kale yapıyorlar. (Bölüm 2)
Örnek: Yolda bir büyük bir ev görüyor: "İşte büyük bir kale!"
Kaliteli: Bir şey iyi ve nitelikli. (Bölüm 6)
Örnek: Senin kıyafetlerin eski ama kaliteli kumaştan.
Kalkan: Bu metal bir silah. Şövalye kullanıyor. (Bölüm 1)
Örnek: Evde, eski bir kutuda, metal bir zırh ve mızrak buluyor. Sonra kalkan arıyor.

Karışık: Bu bir sıfat. Bir şey çok detaylı. İnsanlar zor anlıyor. Bu şey için kullanıyoruz. (Bölüm 9)
Örnek: Kim kime aşık? Bilmiyorum, durum çok karışık.
Kazanmak: Pozitif, iyi bir sonuç almak. (Bölüm 2)
Örnek: O, ilk kez bir savaş kazanıyor!
Kılıç: Uzun ve büyük bıçak gibi bir silah. Savaşta kullanıyorlar. (Bölüm 4)
Örnek: Don Kişot aniden kılıç çekiyor, berbere saldırıyor
Kırbaç: Uzun ve ince ip gibi bir şey. Atlara vuruyorlar ve at daha hızlı koşuyor. (Bölüm 5)
Örnek: Mahkûmlara bağırıyorlar ve kırbaçla vuruyorlar.
Kızgın: Bu bir sıfat. Bir insan agresif veya öfkeli. Onun için kullanıyoruz. (Bölüm 6)
Örnek: Ayrıca, askerler çok kızgın.
Korkak: Bu bir sıfat. Bir insan her şeyden korkuyor. Onun için kullanıyoruz. (Bölüm 9)
Örnek: Doro biraz korkak, onlardan uzak duruyor.
Korkusuz: Bir insan hiç korkmuyor, çok cesur. Onun için kullanıyoruz. (Bölüm 5)
Örnek: O, korkusuz bir şövalye bu nedenle mahkûmlara yardım etmek istiyor.
Kurtulmak: (-DEn) Kötü bir şeyden kaçmak, uzaklaşmak. (Bölüm 2)
Örnek: Hancı, Don Kişot'tan kurtulmak istiyor.
Lazım: Gerekli. (Bölüm 1)
Örnek: Şövalye olmak için kıyafet lazım.
Lezzetli: Bu bir sıfat. Bir yemek güzel. Onun için kullanıyoruz. (Bölüm 7)
Örnek: Cardenio'nun annesi çok lezzetli yemekler yapıyor.
Maalesef: Kötü bir şey oluyor. Biz üzülüyoruz, böyle söylüyoruz. (Bölüm 1)
Örnek: Maalesef kalkan yok!

Macera: İlginç ve heyecanlı olay, serüven. (Bölüm 1)
Örnek: Bu kitaplar şövalyelerin maceraları hakkında.
Mağlup: Bir insan kazanmıyor. Bu insan mağlup. (Bölüm 10)
Örnek: Galip ormanın kralı oluyor, mağlup köye dönüyor!
Mahkûm: Suçlu, kötü insan. Hükümlü. (Bölüm 5)
Örnek: Sonradan anlıyorlar, zincirli adamlar mahkûm, silahlı adamlar asker.
Mahzen: Şarap odası. (Bölüm 10)
Örnek: Don Kişot mahzende şarap şişeleriyle savaşıyor.
Masum: Saf, temiz veya suçsuz bir insan. (Bölüm 2)
Örnek: O adam aslında kötü bir şövalye değil, masum bir çoban.
Maske: Şövalyeler yüzlerine takıyor. Metal bir koruyucu. (Bölüm 11)
Örnek: Godzook attan yere düşüyor ve maskesi de yüzünden düşüyor.
Mızrak: Bu ince ve uzun bir silah. Şövalye kullanıyor. (Bölüm 1)
Örnek: Evde, eski bir kutuda, metal bir zırh ve mızrak buluyor.
Nehir: Dağdan denize uzun ve geniş bir su akıyor. Bunun adı nehir. (Bölüm 2)
Örnek: Çoban, hayvanlar için nehirden su almak istiyor.
Ordu: Birçok asker aynı yerde. O zaman, onlar bir ordu oluyor. (Bölüm 3)
Örnek: Sanço görüyor musun? Ormanın içinde büyük bir ordu var.
Ölü: Bu bir sıfat. Bir şey artık yaşamıyor. Onun için kullanıyoruz. (Bölüm 6)
Örnek: Biraz daha ileriye, ağaçların arasına ilerliyorlar. Orada ölü bir at görüyorlar.
Papaz: Bu bir insan. Hristiyan ve kilisede çalışıyor. (Bölüm 1)
Örnek: Don Kişot'un iki arkadaşı var. Biri papaz, diğeri berber.
Plan: Bir şey yapmak için önce düşünüyorsun, sonra yapıyorsun. (Bölüm 8)
Örnek: Benim bir planım var. Sen de bana yardım et.

Rahat: Konforlu. (Bölüm 13)
Örnek: Sarayda sıcak ve lezzetli yemeklerimiz ve rahat yataklarımız var.
Rüya görmek: Uykuda hayaller görmek. (Bölüm 14)
Örnek: Bazen kötü rüyalar görüyor.
Sahte: Bu bir sıfat. Bir şey gerçek değil. Onun için kullanıyoruz. (Bölüm 13)
Örnek: Sarayda çok büyük bir at var ama gerçek değil. Tahtadan sahte bir at!
Sandal: Küçük bir araç. Denizde gidiyor. (Bölüm 12)
Örnek: Bir nehir görüyorlar. Don Kişot bu nehirde küçük bir sandal görüyor
Savaş başlığı: Savaşta insanlar giyiyor, metal bir şapka. (Bölüm 4)
Örnek: Hayır! O tas değil, bir başlık. Güzel bir savaş başlığı!
Sıkı: Dar, güçlü. (Bölüm 5)
Örnek: Neden bu mahkûmun üzerinde daha büyük zincirler var? Neden zincirler daha sıkı bağlı?
Soyunmak: Giysi çıkarmak. Çıplak olmak. (Bölüm 8)
Örnek: Çocuk soyunuyor. Onun uzun, sarı saçları var!
Su değirmeni: Büyük bir pervane. Suyla dönüyor. (Bölüm 12)
Örnek: Tabii, nehirde birçok su değirmeni var.
Sürekli: Her zaman, devamlı. (Bölüm 13)
Örnek: Don Kişot sürekli korkunç devlerden ve büyülü canavarlardan bahsediyor.
Şehir: Büyük bir yer. Birçok insan burada yaşıyor. Mesela, İstanbul bir şehir. (Bölüm 14)
Örnek: Barselona yeni ve güzel bir şehir!
Şapka: Bir kıyafet, insanlar başına takıyor. Başlık. (Bölüm 4)
Örnek: Galiba o bir şapka.
Tas: Biraz büyük metal tabak. (Bölüm 4)
Örnek: Garip görünüyor. Aaa! O bir tas.

Tedavi etmek: Hasta, doktora gidiyor. Doktor tedavi ediyor. (Bölüm 8)
Örnek: Onunla konuşuyoruz ve köye getiriyoruz. Köyde tedavi ediyoruz.
Tırmanmak: (-ye) Yüksek bir yere çıkmak. (Bölüm 13)
Örnek: Don Kişot ve Sanço birlikte ata tırmanıyorlar.
Uyanmak: Uyumamak. İnsanlar gece uyuyor, sabah uyanıyor. (Bölüm 10)
Örnek: Gece yarısı, bir ses duyuyorlar. Handa herkes uyanıyor.
Ünlü: Birçok insan biliyor. Popüler, meşhur. (Bölüm 4)
Örnek: Bu adam cesur Horatio. Çok ünlü bir şövalye.
Vahşi: Agresif, yabani. (Bölüm 12)
Örnek: Arabanın arkasında, kafesin içinde vahşi ve aç bir aslan var!
Yaralanmak: Yara almak. (Yara, vücutta bir problem.) (Bölüm 3)
Örnek: Don Kişot yere düşüyor. Yaralanıyor.
Yaramaz: Bu bir sıfat. Bazı çocuklar söz dinlemiyor ve her zaman problem çıkartıyor. Onlar için kullanıyoruz. (Bölüm 9)
Örnek: Dük'ün Fernando adında yaramaz bir oğlu var.
Yardım etmek: Birine iyi bir şey yapmak (Bölüm 1)
Örnek: İyi insanlara yardım ediyor. Kötü insanlarla savaşıyor
Yardımcı: Bir insan. Yardım ediyor. Asistan. (Bölüm 3)
Örnek: Her gerçek şövalyenin bir yardımcısı var.
Yel değirmeni: Büyük bir pervane. Rüzgarla dönüyor. Hollanda'da çok var. (Bölüm 3)
Örnek: Hayır efendim, onlar yel değirmenleri.
Yine: Tekrar, yeniden. (Bölüm 11)
Örnek: Kötü büyücü yine bana büyü yapıyor!
Zırh: Bu bir kıyafet. Şövalye savaşta giyiyor. (Bölüm 1)
Örnek: Evde, eski bir kutuda, metal bir zırh ve mızrak buluyor.
Zincir: Metal ip. (Bölüm 5)
Örnek: Bu grupta, bazı adamların elleri bağlı ve ayaklarında zincir var.